珍藏版

增广贤文

全鉴

魏明世◎编译

中国纺织出版社

内 容 提 要

　　《增广贤文》是中国古代的人生哲学与处世之道的思想汇编，是历代文人的智慧结晶，它以口耳相传的方式流传至今，对普及文化、治世育人具有不可低估的影响和价值。其内容涉及人类生活的各个方面，且通俗易懂、言简意赅，由有韵的谚语和文献佳句选编而成，读来朗朗上口且便于记诵，使人们能在简单的文字中体会其丰厚的内蕴，时至今日依然是一本值得品读的好书。

图书在版编目（CIP）数据

　　增广贤文全鉴：珍藏版 / 魏明世编译. —北京：中国纺织出版社，2016. 8（2025.2重印）
　　ISBN 978-7-5180-2652-4

　　Ⅰ. ①增… Ⅱ. ①魏… Ⅲ. ①古汉语—启蒙读物 Ⅳ. ①H194. 1

　　中国版本图书馆CIP数据核字（2016）第114964号

责任编辑：赵晓红　　特约编辑：李瑞瑞　　责任印制：储志伟

中国纺织出版社出版发行
地址：北京市朝阳区百子湾东里A407号楼　邮政编码：100124
销售电话：010 — 67004422　传真：010 — 87155801
http：//www.c-textilep.com
E-mail：faxing@c-textilep.com
中国纺织出版社天猫旗舰店
官方微博 http://weibo.com/2119887771
北京华联印刷有限公司印刷　各地新华书店经销
2016年8月第1版　2025年2月第12次印刷
开本：710×1000　1/16　印张：17
字数：100千字　定价：68.00元

导言

　　中国具有五千多年的文明史，中华文化不仅光辉灿烂、源远流长，而且博大精深、包罗万象。中国人的思想正是在这样厚重文化的孕育和熏陶下逐渐形成的。想要对中国的文化和思想作系统和深入的研究并非易事，尤其是初学者就更不知道应该从何入手了。不过，中国的古人是非常聪明和善解人意的，在浩瀚的中华文化典籍中，既有厚重深邃的经史子集可供探究，又有浅近通俗又耐人寻味的基础读物导你入门。《增广贤文》就是这样一部文字浅易而内容深刻的国学经典读物，它既是中国旧时启蒙教育的教材，又是研究中国文化的简易读本，更可为现代人修身立命起到指导作用。因此，对于年轻人来讲这本书是非常值得一读的。

　　"读了《增广》会说话"，是旧时的一句口头语。《增广贤文》的原型是《昔时贤文》，又称《古今贤文》，系旧时文人就流行广泛的民间俗语及古代诗文中深含寓意的流畅语句汇集而成。从《增广贤文》开头的四句："昔时贤文，诲汝谆谆，集韵增广，多见多闻。"可见它的

"诲蒙"的性质和"增广"的经历。

《增广贤文》一书不知编者姓氏，大约成书于明代，经过明、清两代的流传和增补逐渐成形，曾风行全国，几至家喻户晓。它的内容虽多反映封建统治阶级的伦理观念和人生哲学，但也保存了不少源远流长的谚语格言，是中国古代文人的处世智慧和思想结晶。

《增广贤文》内容广泛，从礼仪道德到典章制度，从天文地理到人生哲学，中国文化的精髓几乎全部囊括其中。虽然它是封建时代的产物，然而其大部分内容今日读来仍有较为积极的意义：有的反映了中华民族吃苦耐劳的精神，如"一年之计在于春，一日之计在于寅"；有的是劳动人民对自然生活的经验总结，如"近水知鱼性，近山识鸟音"；有的表达了人民对世态炎凉的愤懑之情，如"贫居闹市无人问，富在深山有远亲"；有的是传达一种泰然处世的生活态度，如"根深不怕树摇动，树正何愁日影斜"；有的包含深刻哲理和内涵，读之令人发思古之幽情，如"古人不见今时月，今月曾经照古人"；更多的是一些激发人们上进的格言和警语，如"一寸光阴一寸金，寸金难买寸光阴"，"牡丹花好空入目，枣花虽小结实多"，等等。当然，它既然是封建社会的产物，其中自然包含着不少消极的因素，如"山上有直树，世上无直人"，"近来学得乌龟法，得缩头时且缩头"等。这些思想和人生观都是不足取的。

正像它内容中所说的那样，"集韵增广，多见多闻"，作为一部集思广益的国学经典，《增广贤文》囊括了中国几千年文化精髓，在看似平易浅显的文字中渗透出独到精深的思想光辉，值得人们去细细品味和研读。本书在不打乱顺序的前提下，根据其内容和含义将通篇的《增广贤文》粗略地划分出段落，同时加以评析，希望能够帮助读者更加深入地了解原文内涵，透过这些脍炙人口的精言绝句发现和挖掘更为深刻丰厚的思想文化内蕴。

本书平装本自出版以来，广受读者欢迎和喜爱。为满足大家的收藏、馈赠需要，现特以精装形式推出，敬请品鉴。

编译者

2016 年 2 月

目录

集韵增广　观今鉴古

【原文】

昔时贤文，诲汝谆谆。集韵增广，多见多闻。观今宜鉴古，无古不成今。

【译文】

古代圣贤的名言，谆谆教诲着我们。经过大量地搜集，扩大篇章，使我们的见闻有所增加。把总结古人的经验教训作为我们今天处世行事的指导，因为古今是传承关系，今天是古代的延续。

【评析】

作为一个现代人，虽然今天的生活发生了翻天覆地的变化，人们的人生观和价值观与古时更是有天壤之别，但是中华文化五千年的影响不会就此消失，文化和精神的传承关系也不会因此割裂。传统文化和道德规范中仍有许多光辉和精华的东西值得今人去借鉴和学习。

《增广贤文》是一部集思广益的人生智慧全书，更是历代学者文人处世哲学的结晶。虽然其中包含不少封建文化的色彩，但是更多的却是一些言简意赅的名言警语和为人之道。古人通过自己的经历为后人积累了丰富的经验，并以合辙押韵的形式表达出来，读起来朗朗上口，使人们得以在寓教于乐的状态下学习昔日圣贤留下的至理名言，聆听古人的谆谆教诲。对于这笔宝贵的精神遗产，作为继承者的现代人应该无比珍视，通过观今鉴古，增长知识和见闻。这是一部融入古人心血和智慧的圣贤之书，人们若能从中汲取精华，弃其糟粕，便能提高自己处世行事的能力。而以其作为人生的指路灯，更能使世人在人生的旅途中少走一些弯路和险路。

酒逢知己　将心比心

【原文】

知己知彼，将心比心。酒逢知己饮，诗向会人吟。相识满天下，知心能几人？相逢好似初相识，到老终无怨恨心。

【译文】

遇到事情应该了解自己还要了解别人，对他人应设身处地去体谅。酒应当与知心朋友一起饮，诗应当对能理解的人吟诵。认识的人很多，但是称得上是知心朋友的又能有几个呢？与人相处总像初

次相见那样谦恭，不论多久，也不要产生怨恨的心情。

【评析】

将这几句话结合起来理解，就是要说明在日常的人际交往中，知心朋友的可贵以及人们应当如何去处理朋友间的关系。

"人生难得一知己，千古知音最难觅。"茫茫人生路，芸芸众生中，你可能会遇到很多人，结识很多人，但是真正能称为知己的又有几个？又有谁能够在繁忙的生活中抽出时间与自己推心置腹地聊几句呢？所谓"酒逢知己千杯少，话不投机半句多。"朋友需要志同道合，只有心灵契合才能与之吐露心声。"人生得一知己足矣"，是无数人的慨叹，人生苦短，能相伴到终老的知己却不多，因此才有了伯牙摔琴谢知音的千古美谈。

所以，对于来之不易的友情当然应该倍加珍惜，不要等到失去才追悔莫及。在还拥有这份友情时，应该记得在享受它的同时，更不忘去关怀和体谅给予这份友情的那个人。与人为善，将心比心，真正的朋友除了以诚相待外，更需要相互包容、相互体谅。不要以为它是你永恒不变的私有财产就可以予取予求。朋友之间应该是平等的，一旦友谊的天平严重失衡，就将面临失去它的危险。如果交朋友都能够以初见面时的友好与谦恭去对待和维持，那么也就不会生出那么多的是非和怨恨了，这份友情也才能够历久弥香、地久天长。

把握规律　抓住时机

【原文】

近水知鱼性，近山识鸟音。易涨易退山溪水，易反易复小人心。运去金成铁，时来铁似金。读书须用意，一字值千金。

【译文】

接近水才能知道鱼的习性，靠近山才能识辨鸟的声音。山中的溪水时涨时退，卑鄙的人总是反复无常。机遇走了，黄金也会变成

烂铁，时来运转的时候，即使生铁也会贵如黄金。读书应当用心去体会，每一个字都价值千金。

【评析】

这段话从表面上看似乎不存在什么内在的联系，其实只要细细品味，就能发现其中蕴含的真意，它们都是在告诉你要学会把握事物的规律，抓住每一次机遇。

经常接触某种事物自然能够掌握它的习性和规律，就好像住在水边的人知道鱼的生活习性，住在山里的人能够分辨不同鸟的声音一样，小人之心也是同样能够看穿和掌握的，因为小人的心理就像溪水一样易涨易退、反反复复，而君子必然是"言必信，行必果"的。只要看透了这一点，就可以了解周围的人哪一个是伪君子真小人，对其敬而远之，尽量避免与之共事。

成就事业同样需要一双慧眼。如果时机未到就不要强求，时机不成熟却一意孤行，就容易给自己带来很大的损失，结果得不偿失。而机遇来临时就绝不能因自己的一时疏忽而错过，人的机遇是在不断变化着的，一次的失机很可能会改变人的一生，造成终生的遗憾。读书是为了积累人生的财富，是在为将来的成功做准备。而机遇只会选择有准备的人。因此，应该珍惜读书的机会，用心去领悟书中的精髓，才能学到真本事，当机遇来临时才能及时把握，大展拳脚。

人心难测　仁义千金

【原文】

逢人且说三分话，未可全抛一片心。有意栽花花不发，无心插柳柳成荫。画虎画皮难画骨，知人知面不知心。钱财如粪土，仁义值千金。

【译文】

与他人说话时，要留有余地，别把心里想说的全部讲出来。用心栽的花往往并不开，无意插的柳树却常常能够长成绿荫。画虎的形态很容易，但画出骨骼却很难，熟悉人的面貌很容易，但了解一个人的内心却很难。钱财犹如粪土，仁义才价值千金。

【评析】

此段是在告诫涉世之初的人如何去面对纷繁复杂的人际关系。与人相处固然应该以诚相待，但是也不能毫无戒备心理，所谓"害人之心不可有，防人之心不可无"，社会毕竟是个很复杂的群体，不可能每个人待人都会实心实意。"人心隔肚皮"，别人心里在想什么不是谁都能猜得到的。因此，无论说话还是办事都要为自己留有余地，以免让人抓住把柄。虽然这些话听起来似乎过于现实，而且带有消极避祸的色彩，但是对于初出茅庐、涉世未深的青年人还是有一定好处的。毕竟阅历尚浅，没有什么社会经验，如果再不谨言慎行，做事只凭感觉、不知进退，吃亏受挫是必然的。

做人不能期待这个世界处处充满光明，再光明的地方也会存在阴影。有时真心的付出不但得不到回报，而且还有可能被小人践踏和利用。但是人若清楚地知道自己在做什么，并且常存正义之心、事事问心无愧，就能"仰不愧于天，俯不怍于地"。即使人心难测、千金散尽，也有浩然正气长存于心。更何况事在人为，就算自己的苦心经营暂时得不到回报，人性真诚的光辉也会感动世人，为自己带来意想不到的收获。

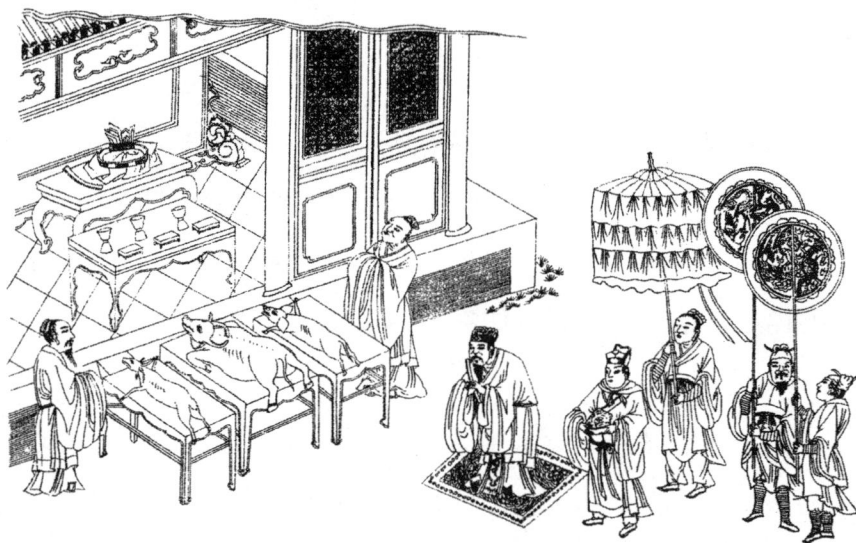

路遥知马力　事久见人心

【原文】

流水下滩非有意，白云出岫本无心。当时若不登高望，谁信东流海洋深。路遥知马力，事久见人心。马行无力皆因瘦，人不风流只为贫。

【译文】

流水从滩头流下并不是有心之举，白云从山峰飘然而出也不是出于自然之意。当初若不是去登高望远，后来又怎么知道东海的浩瀚。走的路途遥远才能知道马的气力大小，经过的事情多了才能知晓人心的好坏。马太瘦就跑不起来，人穷了就不能扬眉吐气。

【评析】

"路遥知马力，事久见人心"，人心的真伪需要长时间的考验才能现出本来面目。不要被事物表面的现象所蒙蔽，一个人的好坏并不会总能通过外表和一时的行为传递出来。就如同只有路途的遥远才能看出马的优劣一样，人也只有在日常的长期交往中通过各种事件的检验才能增进彼此的了解，看清对方的真面目。

然而马的优劣与它本身的资质固然有关，但是能否日行千里也要看能不能得到足够的粮草，物质条件没有保障，身体瘦弱无力又怎么可能成为千里良驹呢？人也是一样，虽然一个人的才华和品质源于自身的努力，但是客观的经济条件对身心塑造的作用也是不容忽视的。"马行无力皆因瘦，人不风流只为贫"，想要成才就需要有一定的物质做基础，因为成才必须学习知识，学习知识离不开读书，可是如果连"书"这种最基本的物质基础都没有的话，"风流"又从何谈起？

与人和睦　非亲亦亲

【原文】

饶人不是痴汉，痴汉不会饶人。是亲不是亲，非亲却是亲。美不美，乡中水；亲不亲，故乡人。相逢不饮空归去，洞口桃花也笑人。

【译文】

能宽恕别人的人不是傻瓜，而傻瓜总是斤斤计较，从来不知道宽恕别人。有些人是亲戚却不像亲人，而有的人不是亲戚却比亲人

还亲近。无论甜不甜，家乡的水总是最好喝；不管是不是亲戚，家乡的人总是最亲近。朋友相逢如果不饮酒畅谈，空空而归，就连洞口的桃花也会笑话。

【评析】

人的相处需要一个过程，人与人之间的个性也需要磨合。而磨合是一种痛苦的经历，得饶人处且饶人，做人应该懂得宽恕、体谅别人，相处是需要宽容的。饶人不是一种愚蠢的行为，懂得宽恕的人不是傻瓜而是智者，因为他们懂得什么东西最宝贵，为一些无聊的小事斤斤计较伤了和气是不值得的。

良好关系的培养不是一件容易的事，因此，许多人不愿意搬家或者换一个环境生活。并不一定是新家或新的环境不好，只是割舍不了那份已经建立起来的深厚友情和邻里关系，而要在新环境中从头做起确实是一件令人望而生畏的事情。无论是友情还是邻里关系都是在生活中慢慢磨合、一点一滴积累起来的，它们花费了自己那么多的心血，同时又为自己带来那么多的温暖，这种温暖有时亲情都无法比拟。于是人们常说"远亲不如近邻"，兄弟之间也许会手足相残，而朋友却可以为你两肋插刀。因此，人们既要懂得相处之道，又要学会珍惜相处的结果，如此才能使自己的生活充满温情。

一方水土养一方人，无论身在

何方，人们对故乡总是有一种难以言表的眷恋之情。因为故乡养育了我们，并且把最美好的记忆留给了我们。人生中最纯真的时光往往是在那里度过的，永远带不走，于是便产生了永远的怀念。"回家"永远是令人心动的一个词语，因为它意味着自己不是一棵无根的花木，永远有属于自己的温暖的归属感。故乡是一个不会弃你而去的亲人，它总是记得每一个离开它怀抱展翅飞翔的孩子，即使物是人非，它也总是站在那里等你回来。时间永远带不走那份浓浓的乡情，因此"近乡情更怯，不敢问来人"的顾虑是完全没有必要的。

真心做人　诚心处事

【原文】

为人莫作亏心事，半夜敲门心不惊。两人一般心，有钱堪买金。一人一般心，无钱难买针。

【译文】

平日如果不做亏心的事情，深夜听到敲门声就不会害怕。两个人一条心去努力，就可以得到买黄金的钱，假如一个人一个心眼，那么什么事也干不成，日子也会越过越穷。

【评析】

本段强调的是一个"心"字，不管是有心无心，还是真心假心，只要有了这个"心"万物就有了灵魂。而作为最具智慧的典范，"人心"确实令人捉摸不定，它需要长时间的考验才能辨别真伪，需要坦荡清白才能平和安详，需要同舟共济才能渡过难关、做出成绩。

总之，"人心"是一个难以捉摸的东西，它看起来只有拳头那么大，却可以将大千世界会聚其中。它有时像大海般辽阔，有时却比针眼儿还小；它有时像白云一样无拘无束，有时却又为自己戴上枷锁；它有时泰山崩于前而面不改色，有时却又风声鹤唳、草木皆兵。它看起来是那样千变万化，而其实却又只在人的一念之间，人若能放心、安心，就能不畏艰险、经受考验，就能精诚合作、共创辉煌，就能光明磊落、自由洒脱。没有躁心、没有私心、没有妄心、没有亏心，自然能够拥有恒心、拥有公心、拥有平心、拥有安心。心是指导人们前进的路标，它指向哪人就会走向哪。因此，此心必须澄净明澈，才不会使人生迷失方向、走上不归之路，修心是每个人人生的必修之课。

时光如梭　岁月有痕

【原文】

莺花犹怕春光老，岂可叫人枉度春。红粉佳人休使老，风流浪子莫教贫。

【译文】

黄莺和鲜花都唯恐春天离去太快，人们怎么能随意虚度青春呢？不要让美丽的女子衰老，不要让风流倜傥的才子贫穷。

【评析】

时光催人老，花鸟尚且担心春光易逝，人生短促怎能不格外珍惜？大好春光不可辜负，宝贵光阴莫叫虚度。再美丽的花也会谢，再迷人的佳人也会老去，时间是一把无情的刀，不懂得怜香惜玉，它会给所有人的脸上都刻上岁月的痕迹，美人也不例外，甚至更为严苛。浪子固然可以风流，只是要有风流的资本，无论是挥霍钱财还是青春都要有一定的底线，否则，千金总有散尽时，韶华从来不等人。等到岁月划过，人生老去，不仅一无所得，反而贫病交加，风流于你又有什么价值？时间不等人，佳人虽然不能祈求青春常驻，却可以为自己增添气质和内涵，时间虽然能够摧残娇艳的花朵，但是更可以成熟丰硕的果实。聪明的佳人不会也不甘只是一朵图有其表的鲜花。人生不能总是在虚度中挥霍，"莫等闲、白了少年头，空悲切"，浪子回头金不换，只要肯重新开始，什么时候都不算晚。

待人以诚　相识天下

【原文】

黄金无假，阿魏无真。客来主不顾，应恐是痴人。贫居闹市无人问，富在深山有远亲。

【译文】

贵重的黄金难造假，阿魏之类的药材却很少有真货。有客人光顾时主人不予招呼，这样的人恐怕是个傻瓜。贫穷时，即使住在闹市也无人理睬；人富贵了，住在深山也有人登门认亲。

【评析】

中国人讲究礼尚往来，热情好客的人往往相识满天下，而怠慢朋友的人自然就会缺少朋友。人的交往是一个互动的过程，"投之以桃，报之以李"，投之以冷眼，当然报之以冷遇。人的心理是需要得到一种平衡的，不懂得付出，自然难以得到回报。虚情假意的客套同样得不到以诚相待的真心。感情是需要交流的，并且交流是一个长期的过程，否则你会发现朋友用时方恨少。交朋友是如此，做生意也是如此，现代社会要求微笑服务，顾客就是上帝，没有人愿意花钱找气受。一个会做生意的商家是不会冷落自己的衣食父母的。利益是一种令人难以抗拒的诱惑，常常使人趋之若鹜，除非商家是个笨蛋，否则没有哪一个不懂得迎合顾客之道。

当然，有时亲朋之间的关系往往也建立在利益之上，虽然"贫居闹市无人问，富在深山有远亲"不是一种值得人们效仿的行为，但却也是一个不争的事实。趋利避害是人之常情，你不能责怪人情冷暖、世态炎凉，不是每一个普通人都能达到无私高尚的境界。因此，无论你是那个身居闹市却无人问津的贫民，还是那位躲入深山都不得清净的富翁，只要保持一种体谅的平静心态，大可以去享受闹市中的清净和深山中的繁华。世态人情既是如此，又何必劳心伤身呢？无须耿耿于怀，顺其自然就好！

论人是常情　言语有贵贱

【原文】

谁人背后无人说？哪个人前不说人。有钱道真语，无钱语不真。不信但看筵中酒，杯杯先敬有钱人。

【译文】

有谁背后不被他人议论，又有谁在他人面前没议论过别人？有钱人不管说什么，别人都奉承他说的是真的，而穷人说的话，即使是真话，别人也都不相信。如果不相信请看宴席上的美酒，每一杯都先敬有钱的人。

【评析】

这两句讲的是关于言论的话题，关于普通人的言论，言论的价值与人的价值的关系。

人生在世，哪个人没有被别人议论过，哪个人又没有议论过别人呢？所谓"谈资"是一种生活的调剂，人们闲谈之间难免会议论他人。人生活在社会当中是不可能脱离各种关系而独立存在的，那么也就会或多或少成为别人谈论的对象。其实这也未必是一件坏事，一个人的行为是需要受到来自各方舆论的监督的。有了监督才能少出差错。不论议论你的人是出于一种什么样的心态，也无论这些言论是粉饰太平还是造谣生事、是正面的还是负面的，既然它们存在就有它们存在的意义。如果这些言论发自真心、言辞中肯，你当然应该接受；当然，如果是出于假意或者私心，甚至诽谤，你也无须动怒，认真思考一下自己的行为是否触犯了别人的利益或者太过张扬引起了别人的嫉妒和不满。总之，不必因为别人的议论而感到难过，从容面对不是更能显示出你的雅量吗？毕竟言论自由，你不能把每个人的嘴都缝上，再说防民之口甚于防川，还是随它去得好。

当然言论也有贵贱之分，"有钱道真语，无钱语不真"这句话虽然市侩，言论的真假自然不能以金钱来衡量。但是，生活中人们却每天都在这么做，人们往往更愿意相信成功者的话，因为他们所拥有的荣誉的光环像一个无形的指挥棒一样指导着人们去做出怎样的判断。这些成功者包括有钱人、明星、学术权威，总之，身份地位越高发表的言论似乎就越确凿、越是真理。这种心态，是因为受不良世风的熏染，还是人们的自卑心理在作祟，就不得而知了。

心随境迁　随遇而安

【原文】

闹里有钱，静处安身。来如风雨，去似微尘。长江后浪推前浪，世上新人赶旧人。近水楼台先得月，向阳花木早逢春。

【译文】

喧闹繁华的地方有钱可赚，偏僻幽静的地方最适宜安身。来势像狂风暴雨，退去似微尘飘落。长江水总是后浪推涌着前浪，世上新人层出不穷。接近水的楼台最早映照到月亮的倒影，朝着阳光的花树最早接受春天的滋润。

【评析】

繁华的地方适合发展，清静的地方适合生活。因此，人们往往在年轻的时候选择在繁华的大都市谋求出路，人越多的地方越容易积累财富，生活的繁忙是一种自我价值的证明；而到了叶落归根之时，又会选择一个适宜生活的地方颐养天年，生活需要在沉静中才能品出真味。由此看来，环境是一个很重要的东西，它可以改变人生的际遇和生活的轨道。就像"近水楼台先得月，向阳花木早逢春"一样，有利的条件，会增加成功的砝码。虽然成功来源于自身的努力，但环境不同依然会影响甚至改变努力的结果。而人类是一种趋光度很强的动物，有着敏感的趋利避害的神经，哪里适合生存自然就会向哪里靠拢。

至于人在繁华落尽、归于平淡之后，应该保持一种怎样的心态，就需要提前有一个心理准备。人不可能总是处于风光无限之中，再辉煌的时代都会有过去的一天，人生总是要面对风平浪静、尘埃落定的结局。有些人欣然接受归于平淡，将精彩留给后辈；有些人不肯面对现实，苦苦挣扎，结果依然回天无术。盛衰本是再自然不过的规律，不自然的是人们的心态。若能在繁华中保有一颗平常的心，那么在繁华过后你至少还能享受生活和回忆；而如果过于执着，那么在繁华过后你就只能面对落寞和失意。若有"闹里有钱，静处安身"的心境，那么无论环境怎样改变，到处都能找到生命中的近水楼台！

人事变换　岁月做主

【原文】

古人不见今时月，今月曾经照古人。先到为君，后到为臣。莫道君行早，更有早行人。莫信直中直，须防仁不仁。

【译文】

古人不会看到今天的月亮，而这月光却曾经照射过古人。抢先一步能当君主，后到一步只有称臣。不要觉得你走得早，还有比你走得更早的人。不要轻易相信那些表面十分正直的人，更要提防那些假仁假义的人。

【评析】

时间是一个独裁者，它能改变一切，也能决定一切。就像它已经决定了古今，已经决定了历史。人不能穿越时空去改变什么。我们不能要求前无古人后无来者，世上也没有谁能真正做到前无古人后无来者，时间颠覆着人类所创造的任何奇迹。天外有天，人外有人。争先的脚步赶不上时间的翅膀，总会有人走在你的前面比你先到一步。因此，人生无须太过在意，毕竟有许多事情不是只通过努力就能办到的。谋事在人，成事在天，只要尽了人事，结果就不必在意。再说成败得失要讲缘分，是你的跑不掉，不是你的也苛求不来。不要对成败耿耿于怀，那样除了让自己痛苦之外什么用处也没有。

成事在天　谋事在人

【原文】

　　山中有直树，世上无直人。自恨枝无叶，莫怨太阳倾。大家都是命，半点不由人。

【译文】

　　山里有长得笔直的树，世上却罕见真正的正直之人。树木只应抱怨自己的枝上无法长出叶子，别抱怨太阳太偏心。一切都是命里安排，由不得自己控制。

【评析】

此话有点宿命论的味道，似乎太过悲观了。世界上好像不存在好人，人的命运也完全无法由自己掌握。这种观点当然是不足取的，若真如其所说，那人类还需要什么努力，完全听天由命好了，这样的人生还有什么价值和意义？虽然不排除这些话是先人经过人生的种种磨难之后，发出的无奈的感叹，世事无常确实是令人难以捉摸的。社会的发展是一种合力作用，每个人朝着不同的方向努力，那么作用力的方向自然会发生始料未及的变化，这种变化当然也不是某一个人就能够左右的，努力的结果不尽如人意自然也就在所难免。可是难道人们能够就此放弃所有努力吗？那样世界将会变成什么样子，自己又将变成何种面目？因此，努力还是必要的，不努力当然更加一无所有，只不过对于努力的结果则不必那么强求。

世上的事难以预料，世上的人心更加难以看透。人是一个矛盾的统一体，我们不能强求千人一面，连我们自己都无法要求自身保持一种绝对稳定不变的性格。"世上无直人"的言论有些偏颇，当然人无完人是肯定的，人不可能做到十全十美。如果这句话成立的话，那么前一句就应该推翻，世界上没有任何一样东西是绝对完美

28

的，"山中有直树"自然也不能成立。其实，大千世界、芸芸众生中并不缺正直的人，更不缺好人，只不过每个人身上都或多或少有些瑕疵罢了。但也正是因为这些瑕疵人类才变得可爱，真正完美的人是高不可攀的，也是难融于世的。人只要努力使自己接近完美就已经非常难能可贵了，没有必要因为有一些缺点就对人类悲观失望。生活依然是美好的，做人应该乐观一些，将眼光放远一些，这样才不会因为时运不济、人心难测而对生活失去希望和热情，日子也才能过得轻松一些。

业精于勤　严于律己

【原文】

　　一年之计在于春，一日之计在于寅。一家之计在于和，一生之计在于勤。责人之心责己，恕己之心恕人。守口如瓶，防意如城。

【译文】

　　在春天就应该为一年的事情做打算，黎明时分就该为一天的事情做打算。一个家庭要想幸福首先要和睦相处，一个人的一生要成功首先要勤奋努力。应该用责备别人的态度来责备自己，用宽恕自

己的态度去对待别人。控制自己不随便讲话就如同塞紧的瓶口，摒除私心杂念就像坚守城堡防备敌人。

【评析】

一个人的成功是有法则的，它是各种力量共同作用的结果，需要人从多方面去提升自己才能获得，这里提出几点可供参考。

首先，勤奋是必需的，"业精于勤而荒于嬉"、"书山有路勤为径，学海无涯苦作舟"、"勤能补拙"、"天道酬勤，厚德载物"。古人通过如此多的至理名言讲述着"勤"能给人带来的各种好处，"一勤天下无难事"，勤奋可以改变一个人的命运，可以使所有的难题迎刃而解。从一天到一年，从家庭到人生，它告诉人们，青春是美好的，时间是宝贵的，唯有珍惜时间、辛勤耕耘才能收获喜悦。

其次，成功除了自身的努力外，还需要很多条件作为助力，比如高尚的品德、宽大的心胸、良好的人际关系。严于律己、宽以待人，是做人应有的品德和修养，也是取得良好人际关系的契机。对待别人不能太苛刻，否则便会失去很多朋友，同时失去很多助己前行的推动力。若能以责人之心责己，凡事多看自己身上的缺点，对自己严格要求，就能少犯错误、少走弯路；以恕己之心恕人，凡事多设身处地为他人着想，适时原谅别人的错误，就能使自己处于一

种和睦融洽的环境中，为成功创造有利的条件。

当然，除了这些以外还要具备坚定的意志，"防意如城"，就是要排除私心杂念，防止心猿意马，以免对自己的信念造成不良影响，妨害自己通向成功的道路。"守口如瓶"是对自己与别人隐私的尊重，也是对人生的一种历练，要做到守口如瓶并不是一件容易的事，需要有坚强的精神防线才能把持住自己那张不听话的嘴。一个满口是非、满心杂念的人，怎么可能得到别人的信任，更别提成就什么事业了。

其实，说到底以上几条都是要人们能够做到严于律己，不管是行为上、思想上、待人上还是言语上。唯有如此，才能塑造高尚的人格，为成功打下坚实的基础。

真诚做人　莫道是非

【原文】

　　宁可人负我，切莫我负人。再三须重事，第一莫欺心。虎生犹可近，人毒不堪亲。来说是非者，便是是非人。

【译文】

　　宁肯让别人辜负我，也绝不让自己去辜负别人。做事要再三考虑，慎重对待，做人最重要的是不要欺骗自己的良心。活生生的老虎可以靠近，恶毒的人千万不能亲近。前来对你议论别人是非的人，其实他就是一个制造是非的人。

【评析】

为人处世需要真诚，人们不能总是戴着面具做人，这样别人猜得辛苦，自己伪装得也辛苦。明明是很简单的事却被搞得很复杂，既浪费时间又浪费精力，又是何苦呢？因此，做人还是简单一些、真诚一些，少些阴谋、少些是非，生活才能和顺一些、自在一些。

"宁可人负我，切莫我负人"，听起来迂腐，却包含了伟大含义，它反映了古代劳动人民善良的品德。吃亏是福，但并非每个人都具有这种大无畏的精神。也许一次两次还可以，但时间久了难免令人心理不平衡。因此才说这种精神伟大，并不是所有善良的人都有如此豁达、真诚的心胸。只不过，若人人都能持有这种观念，世界将会变得多么美好啊！不欺人、不自欺，生活中的杂质就会在不知不觉中减少、消散，连空气都会变得清新。

人生的许多恩怨情仇有时不是来自客观环境，而是由那些爱搬弄是非的人凭空杜撰出来的。"人毒不堪亲"、"来说是非者，便是是非人"，就是要人们警惕那些搬弄是非、挑拨离间的人。这种人将大家的生活搞得乌烟瘴气，使人心难得一刻安宁。只不过，有时自己也会不自觉地担任着这种角色。一个本来善良的人因为管不住自己的嘴，成了罪恶的传声筒，听起来多么可悲。所以，莫道是非、守口如瓶，不仅是个人的一种道德修养，更需要人们的共同努力。

人情似纸　世事如棋

【原文】

　　远水难救近火，远亲不如近邻。有茶有酒多兄弟，急难何曾见一人？人情似纸张张薄，世事如棋局局新。山中自有千年树，世上难逢百岁人。

【译文】

　　相距很远的水源无法扑救近处的烈火，住得很远的亲戚不如近处的邻居。当你有茶有酒的时候，很多兄弟朋友围着你，可是当你

遇到紧急危难的时候，却连一个人也看不到了。人的情意像纸一样，都是很薄的，世上的事像棋局一样，每一局都不同。山中有生长千年的古树，世上难遇活了百岁的老人。

【评析】

"人情似纸张张薄，世事如棋局局新"，形容人际交往的困难和世事的难以预料。人情薄如纸，来自世人冷漠的内心。人们往往更关注自身，而以自我为中心的结果是很难体会到人间真情。其实，感情是相互的，你没有丝毫的付出，又怎能期许得到丰厚的回报？茶酒不等于真情，它为你招来那些所谓的兄弟，也许更多的只是一些唯利是图的小人，真正能为你两肋插刀的友情不是在觥筹交错中获得的。感情的付出也并不能一蹴而就，它需要长时间的积累，无论是邻里间的和睦，还是朋友间的情谊，都是在岁月的流淌中沉积下来的。因此，所谓的人情薄如纸只是相对的，如果你薄人，人又如何不薄你呢？若你能真心付出，自然会有近邻为你排忧解难、挚交为你赴汤蹈火。

　　至于世事多变，如棋局般常新那是必然的，人生本来就如同一场戏，每个人都有自己的舞台，也都有自己的精彩。不同的人在各自的人生中扮演着不同的角色。然而，不同的人生又不是孤立的，戏与戏之间是相互交叉的，因此，结局的变数就越来越难以预料，又何止像棋局那样简单明了？每一个人对于自己的结局都难以把握，至于何人能够笑到最后，成败得失、富贵生死，都是一个未知数。人生如此短暂，算算不满百年，既然结果不得而知，人们所能做的就是把自己的人生导演好，扮演好自己的角色，至少在曲终人散时不会留下太多的遗憾！

量力而行　尊重人才

【原文】

力微休负重，言轻莫劝人。无钱休入众，遭难莫寻亲。平生莫作皱眉事，世上应无切齿人。士者国之宝，儒为席上珍。

【译文】

身体单薄无力就不要去背负重物，说话没有分量就不要去规劝别人。没有钱就不要到人群中去，遭遇困难之际千万别去寻求亲戚的帮助。一生当中不做自己不应当做的事情，世界上就不会有痛恨你的人。读书的有识之士是国家的栋梁、财富，儒家学者就像宴席

上珍贵的美味一样。

【评析】

为人处世应该量力而行，做事之前先要考虑自己是否有能力承担这样的责任。如果承担不起，就不要去做，免得为难自己也为难别人。人微言轻就不要去做别人的说客，也许人家根本没把你放在眼里，你的言辞没准只会令人厌烦，自己也会因为不受尊重而心中难平。同样，金钱在人际关系中起着很大的作用，虽然它未必高于一切，但是如果自己不具有这个实力，还是不要打肿脸充胖子，在人前摆阔却背后受穷，最后弄得大家都难堪。总之，如果不做令自己也令他人为难的事，凡事量力而行，那么自己就不会因为无法实现诺言而苦恼，别人也就不必承担因你的自不量力带来的困扰，当然对你的怨言也会消失。

社会的发展需要人才，古人也说"我劝天公重抖擞，不拘一格降人才"。看来人才对于一个国家的兴旺是至关重要的，无论古今。不过只是古人比今人更有先见之明，更早就懂得了人才的重要性。他们将"士""儒"视为国之珍宝、席之珍馐。古人都懂得尊重知识、尊重人才，而在科技发展日新月异的今天，人才当然更值得、更需要被当作国之珍宝了。只不过，也许在现代人心目中，"人才"这个词的含义似乎已经变得很模糊。什么人才算是真正的人才，需要仔细权衡一下，并不是只要一张文凭就能应付了事的，必须有真才实学才行！

雪中送炭　济人危难

【原文】

　　若要断酒法，醒眼看醉人。求人须求大丈夫，济人须济急时无。渴时一滴如甘露，醉后添杯不如无。久住令人贱，频来亲也疏。

【译文】

　　倘若想得到最好的戒酒方法，就要用清醒之人的眼光看看醉酒人的行为。向人求助之时应该去求真正的男子汉，接济别人时一定

要接济需要救济的人。干渴的时候一滴水也会像甘露一样甜美，酒醉之后，再喝酒就不如不喝。长期寄住在别人家里会遭到人家的嫌弃，亲戚间过分频繁的往来反而会导致关系的疏远。

【评析】

这几句主要讲人情往来，对于维系亲友间的关系，有人喜欢雪中送炭，有人喜欢锦上添花，有人喜欢保持距离，有人喜欢亲密无间。至于哪一种方式更好，那就要看自己如何理解了。

锦上添花固然好，雪中送炭却更加珍贵。对于一个志得意满的人来说，他什么都不缺，他的生活已经丰富多彩，别人的锦上添花，对他而言并不会带来什么实质性的改变，因此换来的也许只是一笑而过。而雪中送炭则不同，人们在危难之时最需要的就是来自外界的支持，无论是物质的还是精神的。你的滴水之恩也许正是别人的救命甘露，受到涌泉相报也不足为奇。当然，帮助别人的目的，并不是为了回报。但是这起码能说明你是一个善良的人，因为能急人所急的人往往具有高尚的品德。

人们常说"距离产生美"，人与人的交往需要保持一定的距离。凡事皆有度，不可过分。即使再亲密的朋友和亲人，也不可能对自己是毫无保留的。生活本来是自己的，谁又愿意交给他人去掌管呢？人需要有属于自己的私人空间，频繁的往来和长期的居住会给别人带来心理负担，使亲朋好友失去保留隐私的权利和处理私人事务的时间。亲密固然是好，只不过过于亲密就会失去自我，这是谁也不愿意接受的。适当地保持距离能给双方都留有思考的余地，更能产生一种神秘感，不论友情、亲情还是爱情才能长久地保持新鲜。

做人修身 养儿需教

【原文】

酒中不语真君子，财上分明大丈夫。积金千两，不如明解经书。养子不教如养驴，养女不教如养猪。

【译文】

饮酒的时候做到不胡言乱语才是真正的君子，在钱财上一清二楚才是真正的男子汉。积蓄很多金钱，不如多买几本书留给后代，使他们明解事理。养儿子不教育同养驴没有什么区别，养女儿不教育和养猪没什么区别。

【评析】

这段话总的来讲是一个关于修养的问题。无论是入世还是出世，也无论是齐家还是教子，都离不开身心的修养，这是一件关系到自身和后代发展的大事。

对于身处社会之中的人，应该注意自己的一言一行，只有时时不忘检点自己的行为才能获得别人的尊重。一个能够做到酒后不胡言乱语的人，才算得上是一个有修养的人。而在钱财方面能够不拖泥带水，做到清楚分明的人，才能真正令人敬佩。人们更愿意跟这样的人相处共事。因此若想在事业前途上更加顺利，就要不断规范自己的言行，提高自身的修养。

在教育子女方面，与其为他们创造优越舒适的生活条件，为他们积累丰厚的物质财富，不如给予他们及时和适当的教育。读书明智给他们的保障远比让他们衣食无忧更加牢固。钱财总有花完的一天，而学识和教养却会跟随他们终生，作为取之不尽用之不竭的人生财富，一辈子都会受益无穷。因此，从小就使子女接受教育、树立正确的人生观是非常必要的。就如同小树需要修剪一样，修养就是对子女品行的修剪，只有去掉旁逸斜出的枝杈才能长成一棵参天大树。

所以说，修养是一个很重要的问题，关系到每一个人的将来，应该引起大家的注意。

读圣贤书　做智慧人

【原文】

有田不耕仓廪虚，有书不读子孙愚。仓廪虚兮岁月乏，子孙愚兮礼义疏。同君一席话，胜读十年书。人不通古今，马牛而襟裾。

【译文】

有田地不耕种，粮仓必定空虚，有书籍而不阅读，子孙必定愚蠢。粮仓空虚生活就无法保障，子孙愚蠢就会不晓礼义。与您畅谈一次，收益胜过读上十年书。一个人不能博古通今，就像牛马穿着衣服。

【评析】

知识就是财富，这种财富不一定以物质和金钱的形式表现出来，却是比任何物质金钱都要宝贵的。古人将读书看成是摆脱愚昧、明白事理的一种途径。所谓"知书识礼"，便是从读书开始的。不学无术的人，永远是人们鄙夷的对象，没有良好的教育，愚昧无知，就同穿着衣服的动物没什么两样。人是需要有内涵的支撑才能屹立不倒，一个空壳子如何经受得起生活的磨砺？为人父母者，能为后代留下的最宝贵的财富不是金钱，而是文化。因为黄金有价，知识无价。

读书又分读有字书和读无字书，有字书能给人们提供具体的和系统的知识体系，而无字书却能吸取别人的经验、增加人生的阅历。"读万卷书，行万里路"、"纸上得来终觉浅，绝知此事要躬行"以及"同君一席话，胜读十年书"讲的都是读无字书的重要性。只有知识渊博、博古通今，才能在生活中游刃有余。

当今社会，虽然读书的初衷和目的与古人有所不同，但同样是为了充实自我、适应时代的发展，成为一个对社会有用的人。努力让子女成为一个有知识、有素质的人才是每一位家长共同的心愿。只不过，在灌输知识的同时，更要注意发现孩子的潜质，懂得因材施教，才能使其茁壮成长，成为栋梁之材。

但行好事　莫问前程

【原文】

茫茫四海人无数，哪个男儿是丈夫！美酒酿成缘好客，黄金散尽为收书。救人一命，胜造七级浮屠。城门失火，殃及池鱼。

【译文】

广阔的四海之内有不计其数的人，哪个男人称得上是真正的男子汉？酿成美酒是因为喜欢与朋友欢聚，花掉全部钱财是为了购买书籍。挽救别人一条性命，胜过建造七层宝塔的功德。城门口失火，池中的鱼也无端遭受祸害，无水而死。

【评析】

世上的人浩如烟海，但是真正称得上男子汉的却不多，再坚强的人都有软弱的一面，即使刀枪不入、金刚不坏之身也有自己的死穴和软肋。但也正是因为他们身上的这些缺点才使他们显得不是那么高不可攀、不近人情。因此，无须对世人失望悲观，只要看到生活中还是好人多，人们身上的一些无伤大雅的缺点是应该被原谅的，因为自己的缺点同样需要被别人包容和谅解。

人们的执着和热情有时真的不得不令人敬佩，"美酒酿成缘好客，黄金散尽为收书"，都是那样洒脱和旷达。人需要一种精神来支撑，不理会别人的目光，不在意钱财的散尽。有些东西是不能用金钱来衡量的，比如友情和智慧。

"救人一命，胜造七级浮屠"，讲的是做好事，救人于危难，为人雪中送炭，比修建佛塔宝刹的功德要高得多。当然不仅只包括救人之命，日常生活中的点滴小事，都可以为自身高尚品德的建立增砖添瓦。做好事，不仅给他人带来幸福与欢乐，自己也会从中得到愉悦和满足。但是还要记住一点，做好事的出发点是为了帮助别人，是不求回报的。不仅如此，也要不连累无辜，否则"殃及池鱼"就会变成好心办坏事，那么做好事的价值和意义就会大打折扣了。

欲求富贵　须下工夫

【原文】

　　庭前生瑞草，好事不如无。欲求生富贵，须下死工夫。百年成之不足，一旦败之有余。人心似铁，官法如炉。

【译文】

　　庭院生长出吉祥的草，这样的好事不如没有得好。要想求得生前的富贵，必须拼命地付出努力。想做成功一件事，花费百年恐怕还不够，而在一瞬间毁掉它，却会有余力。若说人心像铁，那么国家的法律就像冶炼的熔炉不讲情面。

【评析】

　　好事不会从天而降，所谓的祥瑞吉兆只是人们的一种美好愿望，并不会带来实质性的好处。"庭前生瑞草"未必真的会带来好运，反而会因为看热闹的人太多而给自己的生活带来许多不必要的麻烦。想要得到成功和富贵需要靠自己的双手去努力和拼搏，同时还要具备持之以恒的毅力，善加利用和维护，成功才能保持得持久。做什么事情都要考虑周全，不要因为自己的一时疏忽而功亏一篑，使一切的努力付之东流。没有人愿意看到这样的结果，只不过有的时候人们的思想容易懒惰，一时的怠慢往往会导致终身的遗憾。

　　当然，成功除了需要努力以外，还不能得来不义，不义之财莫取、不义之事莫为，否则最终将受到惩罚。所谓"人心似铁，官法如炉"，法律是不徇私情的，人若为了一己私利违法乱纪，为了谋取成功和富贵不择手段，那就必将受到法律的惩处。做人唯有通过自己的辛勤汗水和诚实努力，并且做到合情合法，获得的成功和富贵才是实实在在的，才能保持得长久。

莫走极端　中庸之道

【原文】

善化不足，恶化有余。水太清则无鱼，人太察则无谋。知者减半，愚者全无。在家由父，出嫁从夫。痴人畏妇，贤女敬夫。

【译文】

倘若善意对你的感化不够，那么恶意对你的改变就会变本加厉。水过分清澈就不会有鱼，人过分明察就没有人为你出主意。世

上的聪明人若减少一半，那就找不到一个愚蠢的人了。女子在家要听从父命，出嫁之后要服从丈夫。愚笨的傻人会怕老婆，贤惠的女子懂得尊敬丈夫。

【评析】

儒家讲究中庸，中庸之道也是中国人历来遵循的一种做人准则，已经深深植根于中国人的思想之中，成为一种思维定式。凡事不可走极端、绝对化，不论是自然界还是人类社会都是如此。过犹不及，什么东西一旦太过分了，就会朝着它的相反方向发展。"善化不足，恶化有余"，身心如若不能被善良感化，那么邪恶就会乘虚而入，不接受善意那就只有走向邪路了。

当然，做人也不能太过要求完美，所谓"金无足赤，人无完人"，如果对人对己过于严苛，身边就会失去许多朋友，因为没有人是完美无缺的，一个不能容纳别人缺点的人会给别人的行为和心理带来压力，过于苛刻的人身边是没有朋友的。因此做人清净、明察虽然好，但还需要有容人之量才能使生活和谐美满。

至于"在家由父，出嫁从夫。痴人畏妇，贤女敬夫"，是典型的封建道德规范。它要求女子遵从"三从四德"，反映的是封建社会男尊女卑的夫权思想，是一种对女性思想和行为的禁锢，是束缚妇女的精神枷锁，并不符合现代社会的发展观念，应该摒弃。在现代社会中，无论男女都在社会和家庭生活中扮演着不可替代的角色。他们所起的作用是同等重要的，厚此薄彼终会造成社会发展的失衡。

是非常有　切莫轻信

【原文】

是非终日有，不听自然无。宁可正而不足，不可邪而有余。宁可信其有，不可信其无。

【译文】

是非每天都会有，不听就都不存在了。宁肯做正直的人而生活贫困，不要做奸邪的人而去过富足的生活。有些事最好相信它存在，不要轻易相信它没有。

【评析】

生活中更需要正直和诚实的人。作为社会中的一员，人们应该谨守本分，不要去做一些让他人受损也令自己难堪的事情。宁可做一个坦坦荡荡的穷人，也不要做一个昧着良心的富翁。对于是非不要理会，更不要轻信，说人是非的人往往都有一颗搬弄是非的心，对于那些空穴来风的事还是让它随风而去得好。

为人正派，不走邪路，即使受穷也是暂时的，不要为了眼前的利益而改变你善良的本性，机遇不会弃正直的人于不顾。而为达目的不择手段的人也不可能总是一帆风顺，自己种下的恶果迟早都得自己承担，为富不仁总是要得到应有的惩罚。

对于道听途说的无稽之谈，不要轻易相信，没有调查就没有发言权。"宁可信其有，不可信其无"，只是教人们提高警惕，处世谨慎。但是对于是非还是不要"信其有"得好。是非天天都有，如果每一个都相信，那你的生活中就不会有安宁的时候。再说，无论是非是真是假都不要去理会，以免给别人造成伤害，也给自己带来麻烦。

竹篱雅院　意在自适

【原文】

竹篱茅舍风光好，僧院道房终不如。命里有时终须有，命里无时莫强求。道院迎仙客，书堂隐相儒。庭栽栖凤竹，池养化龙鱼。

【译文】

简朴的竹篱茅草屋景色很好，寺院再好怎么能比得上它。命里该有的迟早会到，命里没有的别去强求。寺院迎接的是仙游四方的客人，书斋里隐居的是未来的高官或学者。庭院里栽种凤凰休息的

树，池塘里养育将化为龙的鱼。

【评析】

对于生活和环境的选择，每个人都有自己的主张。平凡的人选择简单朴素，看破红尘的人选择青灯古佛，风雅的人选择芸窗竹院。

"茅檐低小，溪上青青草，醉里吴音相媚好，白发谁家翁媪？大儿锄豆溪东。中儿正织鸡笼。最喜小儿无赖，溪头卧剥莲蓬。"辛弃疾的一首《清平乐》将农家淳朴自然的田园生活展现在人们面前，清新之气扑面而来。竹篱简陋、茅屋低小，但毕竟是自己的家，生活清苦平淡，却能与家人一起劳作，共享天伦之乐，这些是雕梁画栋、青砖碧瓦、庄严肃穆的寺院道观所无法比拟的。僧道们在晨钟暮鼓、黄卷青灯、千篇一律的枯燥生活中看不到未来。即使高墙大院、衣食无忧，这样的日子又有什么意义，哪里比得上安居乐业的寻常百姓家？至于文人雅士的庭院，栽花种竹、养鹤赏鱼，处处都要体现一个"雅"字。环境的幽雅清静，是为了营造出一种安静恬淡的读书氛围。也许只有在这样的环境中，才能陶冶人的身心、塑造文人气质。

因此，无论是农家小院还是清庭雅舍，抑或是佛门圣地，环境对人的身心是有不可低估的影响的，人们或许不能决定自己的命运，但至少还可以选择自己的生活方式。"命里有时终须有，命里无时莫强求"，是否真正有命运这种东西，人们不知道，也无须太在意，只要懂得如何选择自己的生活方式并且能够快乐地生活就好。

人情似水　交友需高

【原文】

结交须胜己，似我不如无。但看三五日，相见不如初。人情似水分高下，世事如云任卷舒。会说说都市，不会说说屋里。

【译文】

交朋友最好交在各方面都胜过自己的人，与自己差不多的朋友还不如没有。往往同友人交往三五天后，见面的印象就没有刚见到时那么好了。人的情意像水一样有高有下，不必去计较，世上的事像云一样，任凭它变化多端。会说话的人讲的事情都是大都市的事情，不会说话的人讲的都是屋里屋外的琐事。

【评析】

本段谈的是交友和识人，如何选择朋友、分辨人的高下是人们涉世和提升自我所必须掌握的一门学问。

交朋友要有选择性，不能泛滥。"狐朋狗友"与"良师益友"当然有着天壤之别，对自己人生的影响更加不可同日而语。即使是跟自己水

平相当的人，也不需多交，因为那对你自身的提高不会有什么帮助，人以群分的结果是每个成员都原地踏步，不会有任何进步可言，因为每个人的水平都差不多，从别人身上你很难发现自己的短处。人只有在仰望时才能发现自己的渺小。因此，多结交那些能让你仰望的人才能使你发现自己的不足，并且迎头赶上。当然，这也不是绝对的，如果人人都只结交胜过自己的人，那么所有的人都不会有朋友了。再说"三人行，必有我师焉。择其善者而从之，其不善者而改之"，每个人身上都有自己的闪光点，懂得欣赏别人长处也是一种善于交友的表现。同时，善于交友还是不够的，"但看三五日，相见不如初"，友情是一种美酒，只有懂得储藏的人才能获得陈年佳酿。

人情如流水，总有高低险滩；世事如浮云，总会风吹云散。人世的纷纭变化虽然令人眼花缭乱，但也并非全无规律可循。一个人

是肤浅还是深刻，可以从言谈中看出端倪。思想深刻、知识渊博的人往往视野开阔，他们的话题和关注点常常是家国天下、国计民生，同时见解独到。而思想贫乏肤浅的人则往往把话题带入柴米油盐、家长里短。当然，这跟个人的知识水平、社会阅历、人际交往以及思维能力、语言表达技巧等各方面的因素都有关系。因此，如果不想被人当作一个肤浅的人，就要学会说话，学会表达自己的思想，这就需要加强多方面的修养和锻炼，不断给自己充电，只有肚子里面是满的才能倒得出东西来。

财多害己　当止则止

【原文】

磨刀恨不利，刀利伤人指。求财恨不多，财多害人子。知足常足，终身不辱；知止常止，终身不耻。

【译文】

磨刀时唯恐不锋利，而刀太锋利却容易伤人手指。追求钱财时唯恐不多，可是钱财多了反会害了自己的子女。懂得满足现状就会感到满足，懂得适可而止就不会招来耻辱。

【评析】

生活中很多事情都是矛盾的，好像《红楼梦》中的风月宝鉴，一方面可以治病但却吓人，另一方面令人销魂却会亡身。钱财就是这种东西，人们无止境地追求它，生怕少了。因为，没钱的日子是痛苦的，谁都不愿意过那种朝不保夕的生活。但是，钱多了也未必是好事，人心总是贪婪的，所谓"人心不足蛇吞象"，贪得无厌的下场往往是消化不良。而且，钱多了麻烦也就会跟着多起来，树大招风，钱多了很容易成为一些别有用心者的目标，同时自己的纵情挥霍对身体的健康也没有好处。所以，做人不要那么贪婪，钱够用就好，再说钱财也不是人生的唯一目的，人应该有更高的精神追求。当然如果你已经很有钱了，可以拿出一些来回报社会，这会使你的生活更有意义。

对于钱财的追求应该知足常足、当止则止，对于其他事情也是一样。对于财富和荣誉要懂得适可而止，知道满足，就不会受辱，知道见好就收，就不会有危险。月满则亏，花开则谢，事情做过了头就会走向它的反面。欲壑难填，利欲熏心，为所欲为，必遭大祸。人们对名利、金钱、地位等各种欲望的追求都要有个限度，否则弓拉得太满，迟早会断掉，到时候人财两空就得不偿失了。

三思后行　脚踏实地

【原文】

有福伤财，无福伤己。差之毫厘，失之千里。若登高必自卑，若涉远必自迩。三思而行，再思可矣。

【译文】

遇到为难时有福的人只损失钱财，没有福的人就会伤害到自己。事情出了一毫一厘的差错，离正确的目标会远离千里。如果要登到高处，必定是从低处开始，如果要走向远处，必定是先从近处起步。人们常说思考三次而后行事，其实思考两次就足够了。

【评析】

此篇告诉人们做事情首先要深思熟虑，接着做出周密的计划，然后脚踏实地、一步一个脚印地去朝着目标前进。

"三思而行，再思可矣"取自《论语》，作为一句儒家经典，是要告诫人们做事情之前先要考虑事情的可行性，以及会造成什么样的后果和影响。不论是思考两次抑或三次，总之是希望人们能够在做出决定之前慎重思考，以免因一时冲动或考虑不周而做出令自己后悔的事情。将一切可能的因素都考虑进去，做出严密周详的计划，才能保证事情的顺利进行。"差之毫厘，失之千里"。周密的部署是成功的前提和保证，正确的指导思想是必不可少的，真理和谬误之间只有一步之遥，一时的大意可能让你功败垂成、追悔莫及。

在事情的进展当中更需要扎实的努力，"不积跬步无以至千里"，成功是需要从头做起的，只有按部就班、锲而不舍，才能磨炼出精深的修养，成就伟大的事业。如果好高骛远，妄想一蹴而就，即便能收一时之效，绝不能成大功立大业，正是"欲速则不达"。所以，做人做事必须踏实做好基础的工作，所谓"千里之行始于足下"，这与"若登高必自卑，若涉远必自迩"的道理相同，只有一步一个脚印，才能建立宏大的功业。

事须躬亲　莫怨他人

【原文】

使口不如自走，求人不如求己。小时是兄弟，长大各乡里。嫉财莫嫉食，怨生莫怨死。

【译文】

用嘴去支使别人不如自己去做，求别人办事不如自己去努力。小时候是亲密的兄弟，长大后各住他乡，互不往来。可以怨恨钱财不要厌恨食物，可以抱怨生者不要抱怨死者。

【评析】

"使口不如自走，求人不如求己"具有两方面的含义，一方面要告诉人们不要什么事情都依赖别人，自己的事情自己做，无论是在生活中还是在学习上都要发挥自身的主观能动性，不要什么事情都指望他人帮你解决，何况许多事情只有通过自己的实践才能真正掌握；另一方面求人做事莫如亲力亲为，求人并不是一件让人感觉舒服的事情，它可能会为你提供一些方便，让你更快地达到目的，但是同样也是一种交换，求人的同时也需要你付出一定的代价，不管是金钱的还是感情的，这些总归让人有一些心理压力。因此，在能力所及的情况下还是事必躬亲得好，既能锻炼自己的能力又能减轻自己的心理负担，何乐而不为呢？

另外，做事情不要埋怨他人，生活中总有一些事情不能如己所愿。在结果与初衷相背离的时候，不要怨天尤人，也无须悲观失望。人生不如意的事十之八九，"小时是兄弟，长大各乡里"，童年时形影不离的朋友如今各奔东西、形同陌路是常有之事，事与愿违也很正常，失落总是会有的，但是却没有必要失望，更不能因此而产生怨恨之心。"怨生莫怨死"应该改为"莫怨生莫怨死"，对于生者莫怀怨恨，对于死者更应如此，怨恨非但不能解决问题，还会使问题变得更加复杂，更何况逝者已没，再行抱怨不仅毫无意义，而且会显示出自己的狭隘和自私。做人应该豁达一些，生活才会舒心一些。

人生苦短　莫悲白头

【原文】

人见白头嗔，我见白头喜。多少少年亡，不到白头死。

【译文】

别人发觉自己生了白头发就生气，我见到自己生了白头发却很高兴。世界上有许多人年纪轻轻就死了，他们没有等到头发白了就离开了人世。

【评析】

人生苦短，上天赐予人类的时间不过短短几十个春秋，岁月常常在人们还未做好准备时，便毫无预警地爬上大家的头顶，肆意地招摇着年华的老去。从两鬓斑白到满头银丝，人们的心态也跟随着身体的变化逐渐衰老、低落，生命走到尽头的恐惧时刻啃食着人们的脑神经，生活也因此变得黯淡。其实，大可不必如此，人只要保持乐观的情绪，生活中依然阳光灿烂。作为一种自然的现象，身体的衰老虽然无法抗拒，但是人们的心态却可以不受自然规律的左右。想想那些未及白头便英年早逝的人，能够白头而亡是应该感到庆幸的。满头华发正说明了老天对自己的眷顾，并不是每个人都能拥有寿终正寝的幸运。就像不同的季节有不同的韵味，人生只有每一阶段都经历过才算得上完整。

最美不过夕阳红，人通常在有了一定年纪之后，智慧和见解才会日臻成熟，做人做事各方面也才更显稳重老练，不像年少时似懂非懂、易凭一时血气之勇。"老骥伏枥，志在千里"，只要拥有不老的灵魂，同样可以烈士暮年，创造属于自己的辉煌。

隔墙有耳　恶事莫做

【原文】

墙有缝，壁有耳。好事不出门，恶事传千里。

【译文】

墙壁会有缝隙，墙壁后面也会有耳朵在偷听。好的事情不容易传出家门，坏事却容易传出千里。

【评析】

不要以为自己把事情做得很隐秘就会神不知鬼不觉，世上没有不透风的墙，纸里终究包不住火，任何坏事总会有暴露的一天。暗室私语，天若闻雷，欺瞒得过世人，却无法欺骗自己的内心，隔墙无耳心有耳，也许将事情败露出去的正是你自己的良心。

至于为什么"好事不出门，恶事传千里"，那可能是出于人们的两种心理。一种是因为世上好人多，做好事实属正常，没有传扬的价值，而坏事则是人们的善良无法容忍的，希望通过传扬得到共鸣，使自己的内心获得慰藉；还有一种心理是因为自私空虚之人喜欢扬恶隐善，他们以此来贬低别人抬高自己，以求在心理上获得满足。但是不论人们是出于哪一种心态，做坏事总是没有好下场的，也不可能瞒过众人的双眼，做人还是谨慎安分一些得好。

君子固穷　穷且志坚

【原文】

贼是小人，智过君子。君子固穷，小人穷斯滥矣。贫穷自在，富贵多忧。不以我为德，反以我为仇。宁可直中取，不向曲中求。

【译文】

做贼的人是卑贱的小人，但他们的智能却可能超过君子。有高尚情操的君子能安守贫困，卑贱的小人在贫穷时就会胡作非为。贫穷的人知足常乐，自由自在，富贵的人却有无穷的忧虑。做了好事不对我心存感激，却把我看作仇人。情愿按正当的方式取得少点儿，绝不以卑贱的方式求得多点儿。

【评析】

这是一个关于君子与小人、贫穷与富贵的论题。君子能安贫乐道，小人则人穷志短。同样是面对贫困，却能看出一个人的道德是否真正高尚。小人与君子的区分并不取决于他们智商的高低，小人的才智未见得不如君子，只是没有高尚的道德作为保证，一旦将这些智慧用在邪路上便会给人们带来很大的伤害。贫穷并不可怕，可怕的是不甘贫穷，并且为了摆脱它而做出种种有违伦常、道德败坏的事情。当然追求富贵本来是一种光明正大的行为，但是如果利用的是旁门左道，那么得来的富贵也就变了质。对此，有道德、有气节的君子是不屑接受的。

至于贫穷与富贵，要看人们用什么立场来界定，这完全是观念问题，例如安贫乐道的颜渊"一箪食，一瓢饮，在陋巷，人不堪其忧，回也不改其乐"，或许在外人看来他是穷困的，但他自己却感到充实而富裕，原因正是其心不为贫穷所累，精神充实，内心才能常保安乐。所谓"贫穷自在，富贵多忧"，贫穷有贫穷的好处，富贵也有富贵的烦恼，财富本来是人们用于生存和生活的工具，拥有得太多反而会为其所累。生活得快乐充实而有意义是比任何财富都珍贵的。

高瞻远瞩　当机立断

【原文】

人无远虑，必有近忧。知我者谓我心忧，不知我者谓我何求。晴天不肯去，直待雨淋头。成事莫说，覆水难收。

【译文】

人没有长期打算，很快就会遇到困难和问题。理解我的人能说出我心中的忧伤，不理解我的人还说我在追求什么。在晴天时不肯出行，而到出行时赶上大雨淋头。已经成为现实就不要再去劝说，已经泼出去的水绝对收不回来了。

【评析】

人若想成就一番事业，必须要有深谋远虑的智慧、高瞻远瞩的眼界以及英明果敢的决断。做大事如果没有远见就会盲目，大处着眼小处着手是做事的原则，只有对全局有了深刻的理解和把握才能确定事情的发展方向。同时，也要把握好时机，当机立断才不会错过最佳的时机。关键时刻千万不能优柔寡断，所谓"当断不断，反受其乱"，天晴的时候犹豫不决，出门的时候遭雨淋也是在所难免的事情。一个人的发展是如此，一个国家的发展也是如此，作为国家的领导人或者心怀天下的有志者，应该为国家的前途和命运做出正确的判断，不放过任何一个有利于自身发展的机遇，才能使国家繁荣昌盛、人民安居乐业。

当然，人的生活状态和能力水平是不尽相同的，不可能要求人人都做到深谋远虑。但是每个人至少都应该为自己的将来有一定的规划，人生如果没有远大抱负，只顾为眼前一些琐碎的小事庸庸碌碌，不去考虑自己的处境和将来的发展，那么就会被眼下这些小事带来的烦恼耗尽青春和精力，因为每天忙着生活的人往往更容易为生活所迫。

要明哲保身　勿自讨苦吃

【原文】

是非只为多开口，烦恼皆因强出头。忍得一时之气，免得百日之忧。近来学得乌龟法，得缩头时且缩头。惧法朝朝乐，欺公日日忧。

【译文】

招惹是非都因为讲话太多，遇到烦恼都是因为逞强出头。能忍住一时的气，就能避免百天的忧愁。近来学了一种乌龟缩头法，该缩头时就缩头。知道惧怕刑法的人每天都会过得很快乐，损公肥私的人每天都会过得忐忑不安。

【评析】

本段讲述的是一种功利性很强的自保哲学。告诫人们不要强出头，不要惹麻烦，不要自讨苦吃。对于身处社会之中的人们，这些处世哲学既有它的积极意义，又有它的消极色彩。

生活中有很多是非都是因为多事而自找的，所谓"病从口入，祸从口出"，人们往往因为管不好自己那张嘴而给自己招来许多不必要的麻烦。"是非只为多开口，烦恼皆因强出头"，逞强出头的人容易成为别人的攻击目标。规范自己的言行，懂得进退有度也是对自身的一种修炼。"忍一时风平浪静，退一步海阔天空"，人若能忍得住一时之气，便能省去许多是非，化解许多矛盾。冲动是魔鬼，不要因为自己的意气用事而使自己陷入万劫不复的境地。

但是，这种处世哲学并不完全是真理，还需要辩证地去对待。对于一些无谓的琐事和别人的私事当然不应该多嘴出头，但是当看见别人遇到难题，而对于自己又是举手之劳时，当然不能袖手旁观，所谓"遇人痴迷处，出一言提醒之，遇人急难处，出一言解救之，亦是无量功德"。对于涉及人民利益和大是大非的问题当然更加应该冲锋陷阵。而与人发生争执，如果在不涉及原则问题和人格没有受到侵犯的前提下，能忍则忍便是一种美德。但是对于一些无耻之徒，你的忍耐在他眼里只是一种软弱的表现，你的退让只会让他得寸进尺，据理力争有时候比忍气吞声的效果要好得多。所以，对于"忍耐"这个问题应该辩证看待，情况不同，采取的方式自然就应有所差别。

人生一世　勤学须早

【原文】

人生一世，草生一春。黑发不知勤学早，转眼便是白头翁。月过十五光明少，人到中年万事休。

【译文】

人只能活一辈子，草木也只能生长一个春天。年轻时不知勤奋学习，转眼间就成老年人。月亮过了每月的十五就一天比一天暗淡，人到了中年就没什么事业可谈了。

【评析】

"对酒当歌，人生几何？譬如朝露，去日苦多。"曹操在《短歌行》中如此慨叹人生的短促。生命如同朝露般短暂，转瞬即逝，不会留给人们过多的时间去思考人生的去向，更不会任凭人们去挥霍。人的生命最多不过百年，而百年的时间转瞬即逝，既然有幸生存在天地之间，岂能不好好地生活，让自己的生命发光发热？若想不使人生虚度，就需要珍惜每一天的时间，通过学习不断地充实自我。

人的一生之中最美好的时光莫过于青少年时代，这个时候人们风华正茂、春风得意，正是学习和创业的大好时机。如果错过了，等到年老体衰，记忆力减退之时再从头学起，恐怕已经力不从心了。所以，人们应该珍惜自己的青春年华，在它还属于你的时候去爱护它、善待它，那么当它离你而去时才不会使自己的内心留有遗憾。

当然，说青年时期是人生中最美好的时光，并不代表只有年轻时才能学习和创业，人应该活到老学到老，只有不断汲取知识的养分，才能跟上时代的步伐。而且"月过十五光明少，人到中年万事休"，这句话太过悲观也并不合理，人到中年同样可以有所作为，而且可能比少年得志的人成就更大。因为他们已经过了血气方刚的年龄，虽然在他们身上可能少了年轻人的热情，但是却多了一份沉稳与老练，做事情更加懂得深思熟虑，因此成功的概率也就更大。

所以，无论是人生的哪一个阶段都是人的生命中绝无仅有的一部分，都不应该在浑浑噩噩中虚度，只有对得起自己的生命才能获得精彩的人生。

人生不满百　莫怀千岁忧

【原文】

儿孙自有儿孙福，莫为儿孙作马牛。人生不满百，常怀千岁忧。

【译文】

子孙后代们自会有他们的福分，不要为子孙们过于操劳，甘当牛马。人的一生活不到一百岁，却往往为千年后的事担忧。

【评析】

人生短短几十年，却有一半以上的时间是在为儿孙的操劳中度过。"可怜天下父母心"，没有生儿育女的人很难体会其中的真意。因为孩子的出生打破了原来的生活状态，从此父母的肩上便背上了一个幸福的包袱，即使再辛苦也心甘情愿，因为孩子成了生活中唯一的圆心，从蹒跚学步到成家立业，他们的一举一动都是父母关注的主题。儿女还有儿女，因此为人父母者总是有操不完的心，时刻都在为子孙后代计划打算着，"人生不满百，常怀千岁忧"就是指此。

其实，"儿孙自有儿孙福"，每个人都有属于自己的路要走，父母是不可能永远陪在子女身边为他们挡风遮雨的，自己的路还是需要自己去走完。因此，做父母的只要尽到自己的责任就足够了，不需要为儿孙的将来担心，他们人生的方向盘毕竟是他们自己在掌握，担心是没用的。指导当然可以，但更重要的是让他们知道父母对他们的信心。学会对他们放心，对他们放心不仅能减少自己的烦恼，同时也是对他们人生的一种肯定。

事无可避　酒不解愁

【原文】

今朝有酒今朝醉，明日愁来明日忧。路逢险处须回避，事到头来不自由。药能医假病，酒不解真愁。

【译文】

今天有酒今天就喝个一醉方休，明天的愁事明天再去考虑好了。人在遇到险阻的时候应当回避，事情临到头上就由不得自己了。药物可以医治假病，饮酒却无法消解真愁。

【评析】

"一醉解千愁"的话是骗人的，酒只能麻醉人的神经，让人们暂时忘记心中的烦恼，但同时也会使人忘记一切，醉得不省人事的人当然记不起明天要面临什么样的困境。但是该来的总会来，几杯酒并不能解决问题。生活中的难题是逃避不了的，一味逃避的结果可能只会让事情变得越来越复杂，而错过了最佳的解决时机。正确的处世态度不是逃避而是面对，问题摆在那里总是需要解决的，不要等到事情发展到不可收拾的地步才去想解决的对策。"路逢险处难回避，事到头来不自由"，面对困境还是早做打算得好。

况且，喝酒非但不能解决问题，而且还会酒后误事、酒多伤身。"举杯消愁愁更愁"，烦恼不会因喝酒消失，而只会越来越多，醉生梦死的人是堕落的、是不健康的。喝多了会呕吐，酒醒了会头痛，除了折磨人的胃就是折磨人的头，甚至伤及人的心和肝，总之不会有任何好处，还是少碰为妙。要解决问题需要的是冷静的思考，喝酒只会使思维更混乱，更容易冲动。人需要保持一种健康向上的心态，遇到问题才能从容面对，有了烦恼才能自我排解。积极乐观的处世态度能帮助人类化险为夷，只有从容面对才能使问题迎刃而解。

事出有因　醉难解愁

【原文】

人贫不语，水平不流。一家养女百家求，一马不行百马忧。有花方酌酒，无月不登楼。三杯通大道，一醉解千愁。

【译文】

人穷了就不讲话，水平了就不乱流动。一家养了女儿，很多人家都想来求婚，一匹马无法行走，百匹马都忧愁。有了鲜花才会有饮酒的兴致，月亮不出现就没有登楼的雅兴。饮酒三杯自能通晓高深的道理，只有醉了才能消解无数的忧愁。

【评析】

佛家讲究因果报应，因必有果、果皆有因，任何事情都有它形成的原因。贫民通常保持缄默是因为他们没有趾高气扬的资本。人们排队提亲是因为家里养了一个好女儿，饮酒的雅兴需要鲜花美景来激发，人间的大道理需要微醉后的半梦半醒才能通晓。人们总是需要一些原因和借口，才能让自己活得心安理得。

"人贫不语，水平不流"，水面如果平静就不会到处流动，因为它没有冲破堤坝的动力。同样，生活贫困的人，由于生活负担的压力使他们形成了在苦难中默默挣扎的心态，他们所要承担的痛苦是无法用语言去表达的，即使表达出来别人也无法真正体会，更不可能替他们分担，因此他们选择了沉默，在沉默中独自承受生活的磨难。

"一家有女百家求"，说的是古代养女因为家教森严，通常是大门不出，二门不迈，人们无法知道她们的真实面目和才德，想要为自己的儿孙讨一个贤内助自然是一件十分困难的事情。而一旦听说"秦氏有好女"，提亲的人自然会踏破门槛。当然在现代社会，提亲的方式已经作古，人们通过自主婚姻选择自己的配偶。但是，出色的女子依然是人们心仪的对象。

文人雅士喝酒也是有讲究的，良辰美景能助酒兴，醉里乾坤似乎才能显出生活真谛。在微醉之中更能激发对人生的感悟，也更能使文思泉涌、妙语连珠。但是，什么事情都要有个度，过犹不及，"花看半开，酒饮微醉，此中大有佳趣。若至烂漫酕醄，便成恶境矣。"至于要靠酒来解愁，更是不切实际的，醉后固然能暂时逃避烦恼的侵袭，然而醒来之后又当如何面对呢？

海纳细流　人自风流

【原文】

深山毕竟藏猛虎，大海终须纳细流。惜花须检点，爱月不梳头。大抵选他肌骨好，不搽红粉也风流。

【译文】

深山里隐藏着猛虎，大海总会容纳细小的溪流。爱惜鲜花就要注意自己的行为不要乱采摘它，喜欢月亮就不能把它作为镜子去梳头。主要是他的肌肤体态好，不用搽脂抹粉也是俏丽风流。

【评析】

　　海纳得细流才能宽广无垠，人容得他人意见才能心胸开阔。俗话说"水清无鱼"，一个人如果想创造一番事业，就必须要有清浊并容的气度，吹毛求疵的人容易陷入孤立无援的境地。不能因己洁而责人污，亦不能因己污而讥人洁。能容天下的人才能为天下人所容，在对人性的教化与提升方面，在不可能使之皆趋于善的现实情况下，人们就必须培养包容万物的胸怀，诚如史臣所说："容得几个小人，耐得几桩逆事，过后颇觉心胃开豁，眉目清扬；正如人啖橄榄，当下不无酸涩，然回味时满口清凉。"何况，坦荡的胸襟如天朗气清能悦人心性，自己的雅量不仅能使别人感到舒服，也会令自己神清气爽。

　　"清水出芙蓉，天然去雕饰"，品质出众的东西不需要刻意地包装，便自然能够体现出自身的优点。人也是一样，越是自然、真实的东西才越能显现出天然的美，人的皮肤就是最好的化妆品，何必再去给它涂上一层厚厚的面具呢？物出天然、人出自然，若自己是一个美丽的人，那就不要用胭脂水粉将自己的美丽遮盖起来，"不搽红粉也风流"是对爱美者的美丽忠告。

适可而止　莫听是非

【原文】

受恩深处宜先退，得意浓时便可休。莫待是非来入耳，从前恩爱反成仇。

【译文】

受到恩惠太多，最好自己主动退让，事业上正得意时就该适可而止。不要等到矛盾是非都传到你耳朵里，那时往日的恩爱反而都变成仇恨。

【评析】

天地间万事万物在达到极致之后，紧接着就会开始走下坡路，所以俗话说"花无百日红，人无千日好"，《易经》也提出了"日中则昃，月盈则亏"的观点。天道忌盈，太完满的东西往往不会长久。由此来看，盛极而衰似乎是必然之结果。因为人在志得意满之际，大多会生出骄傲的心态，出现狂妄、轻佻的言行，这样就等于为日后种下衰败的祸根。由此可见，一个人事业失意后还被罪孽缠身，可能是在得志时埋下祸根之说也深具道理。因此，"进步处便思退步，庶免触藩之祸；著手时先图放手，才脱骑虎之危"，懂得适可而止，才能知足常乐。

夫妻之间也是如此，彼此应该在日常生活中相互信任、相互尊重，多一些沟通、少一些猜忌。不要等是非铺天盖地而来之时措手不及，伤害彼此的感情。只有以平时积累起的丰厚感情作为基础，彼此以诚相待，才不会让闲言碎语有可乘之机。

浅滩莫恋　五湖下钩

【原文】

留得五湖明月在，不愁无处下金钩。休别有鱼处，莫恋浅滩头。

【译文】

只要能留得住五湖上的明月，就不愁没有地方隐居垂钓。不要轻易离开有鱼可钓的地方，不能贪恋水浅安全的滩头。

【评析】

钓鱼之理亦是人生之理。钓鱼要有去处，也要有选择。有五湖明月的地方就不怕无处下金钩，这是一种乐观的人生态度，与"留得青山在，不怕没柴烧"有异曲同工之妙。人生中总有一些起起伏伏，碰到困难，遇到挫折都是正常的，要坚定信念，将眼光放远些，要有一往无前、万难不屈的精神。"山重水复疑无路，柳暗花明又一村"，有时候危机恰恰正是一种转机，人若能时时抱定这种乐观的信念，便五湖四海有明月，人生处处有青山。

同时，如果有选择的机会当然应该选择有利于自己、适合自己发展的条件。浅水滩头固然安全但却不是钓鱼的好去处。鱼可能是有的，但是也只能是小鱼小虾，要获得更大的收获就不要贪恋安逸的生活，没有一点魄力和一些吃苦的精神便得不到丰厚的回报。因此，不要放过适合自己发展的有利时机，人生中可以收获的地方固然多，但是收获的多少却是有天壤之别的。

所以，面对人生中的机遇和有利条件就应该牢固把握，而如果错过了也无须追悔莫及，眼界放高一些，也许便会发现虽然错过了落日余晖，却还有繁星满天在前面等待。

平心静气　随遇而安

【原文】

去时终须去，再三留不住。忍一句，息一怒；饶一着，退一步。

【译文】

该失去的东西终究要离去，怎么挽留也是留不住的。少说一句话，压住一次怒气，下棋时让人一着，遇到争执时退一步。

【评析】

做人应该经常保持一种平和的心态，如此生活中的不如意才能少一些。人生中有许多事情是人们无法控制和改变的，就像无法阻止青春逝去，就像不能左右生老病死，就像难以控制天灾人祸。与其因此而痛苦不如试着去接受。"去时终须去，再三留不住"，既然知道是无法挽留和改变的，就要对得失有个正确态度，有得必有失，已经得到的要学会珍惜，不该得到的也不必强求，自然的规律不能改变，人事的苛求只是徒劳，不如顺其自然，反能落得轻松自在。

个人的得失不必耿耿于怀，生活中的细枝末节也不必斤斤计较。人与人之间有接触就会有摩擦，有了摩擦一笑而过会使关系更加融洽，而若大动干戈就会弄得两败俱伤。所以人们常说"忍一时风平浪静，退一步海阔天空"，忍让可能会使自己吃一点小亏，但是却也能避免更大的损失，甚至还会为自己带来巨大收获。凡事多为别人着想一些，多一些理解，便能少一些矛盾。

光阴似箭　时不我待

【原文】

三十不豪，四十不富，五十临近寻死路。生不认魂，死不认尸。一寸光阴一寸金，寸金难买寸光阴。

【译文】

三十岁不能成英豪，四十岁不能成巨富，五十岁时基本就没什么希望了。活着不认识魂魄，死了不认识尸体。时间比黄金珍贵，因为时间是黄金买不到的。

【评析】

人生很漫长，漫长到人们看不到它的尽头；人生又很短暂，短暂到眨眼间人们就失去了青春年华。人往往还在来不及思考、没学会珍惜之时，它就已经悄然而去了。青春是留不住也买不来的，人们可以花大量的时间、金钱和心思去保养，但是也只能暂时延缓自己的衰老，自己究竟失去了什么，没有人比自己更清楚。当生命中最灿烂的时光离自己远去时，究竟带走了什么又留下了什么？"三十不豪，四十不富，五十临近寻死路"的说法虽然悲观，却也是肺腑之言，是蹉跎青春之人对年轻人的一句诚恳忠告。

"一寸光阴一寸金，寸金难买寸光阴"。时光如此宝贵，而且不会重来，拥有它的人应当自勉，无论是三十、四十还是五十，珍惜你现在所有的，才不会等到七老八十还在追悔中度过。

恩深有别　义重也分

【原文】

父母恩深终有别，夫妻义重也分离。人生似鸟同林宿，大限来时各自飞。

【译文】

父母的恩情再深最终都会与你分别，夫妻的情意再重难免一朝分手。人们的生活像鸟儿在一个树林中居住，大难来临时就会逃离分散。

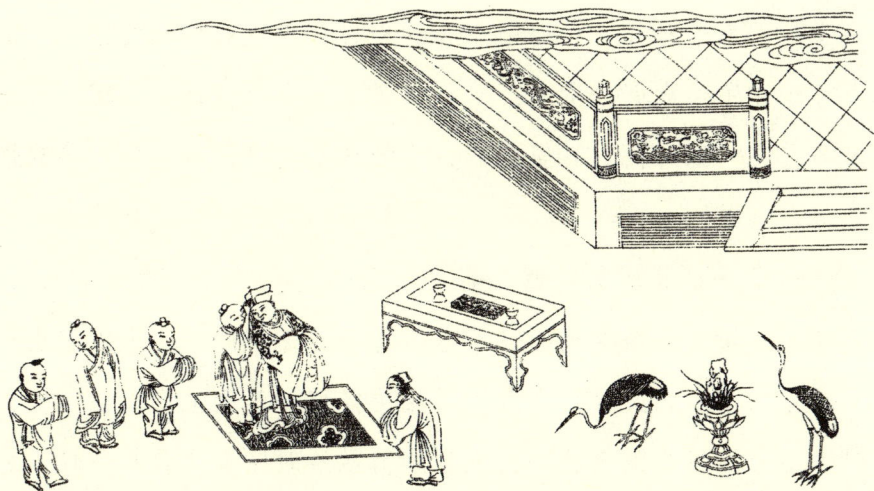

【评析】

人生无常，有时候我们认为最牢固、最能依赖的感情也会离我们而去。因为生存，因为死亡，因为各种各样的利益关系，我们不得不面对一次次的生离死别和情感考验。生活在感情的建立、崩塌、再建立中继续，痛苦的伤口在时间的治疗下愈合。人生总要面对许多无奈和困惑，心中难过是免不了的，但难过之后还要继续生活。

"父母恩深终有别"，父母是我们永远的心灵归属，但是父母不可能伴随我们一辈子，为了生存和生活，有时我们不得不离开父母，我们要求学、工作、成家，分离是难以避免的现实；可是我们也知道这些只是暂时的，心里的难过毕竟要少得多。然而人事有代谢，父母也会生老病死，这些是人类无法改变的现实，永久的分离便成了莫大的悲痛，因为我们失去了生命中最安全最可靠的码头。

如果说父母之恩是我们前半生的情感依托，那么夫妻之情便是我们后半生的感情归宿。生活中相互扶持、共同承担，夫妻的感情更多了一份患难与共。然而由于各种来自自身或者外界的原因，我们也可能在不经意间失去它，于是便多了"人生似鸟同林宿，大限来时各自飞"的感慨。其实劳燕分飞的结果是可以避免的，只要懂得如何去维系。

感情是一种脆弱的东西，需要人们的悉心呵护，无论是亲情、友情还是爱情。一个在拥有时不懂得珍惜和爱护的人，失去它也是在所难免的事。当父母还在身边时懂得体谅和孝敬他们，当他们离开时才不会有过多的遗憾；当夫妻感情融洽时学会沟通和关怀，才不会使它轻易失去。珍惜眼前的人就是珍惜自己的美好生活。

人善天不欺　终有得运时

【原文】

人善被人欺，马善被人骑。人无横财不富，马无夜草不肥。人恶人怕天不怕，人善人欺天不欺。善恶到头终有报，只争来早与来迟。黄河尚有澄清日，岂可人无得运时？

【译文】

人太善良容易被人欺负，马太温顺了就会被人来骑。人如果没有不义之财就不会暴富，马要肥壮就必须夜里也要喂草。一个凶恶的人会让人害怕，而天不怕他；一个善良的人别人可能欺负他，天

却不会欺负他。不管行善还是作恶，到最后都会有所报应，只是有早有迟罢了。黄河之水还会有澄清的那一天，人也不会总不顺利。

【评析】

做人应该善良一些，还是邪恶一些？善良与邪恶到底哪一个才更适合人类的生存？如果是善良，那么为何"人善被人欺，马善被人骑"？如果是邪恶，又为何"恶有恶报"？其实，答案是肯定的，做人还是善良一些得好，因为这个世界上还是好人多，要想在这个好人的世界中生活得好一些，自然需要先做一个好人。更何况"为善不见其益，如草里冬瓜，自应暗长；为恶不见其损，如庭前春雪，当必潜消"。也许做好人暂时看不到什么好处，但是做人本来就是一个积累的过程，一点一滴的善行都是会成为你时来运转的契机；做坏人也是一样，为恶之人如同庭前春雪，表面看不到什么损失，但是消耗却是潜移默化的，有谁看到积雪能长存到炎夏？

因此，好人不用担心自己的一时失意，只要循序渐进、不断积累，机遇总会降临到你的头上；恶人也不用得意于暂时的嚣张，天网恢恢是没有人可以逃脱的，现在手中的行凶利器正是将来铸就你镣铐的最好材料。

得宠思辱　居安虑危

【原文】

得宠思辱，居安思危。念念有如临敌日，心心常似过桥时。英雄行险道，富贵似花枝。人情莫道春光好，只怕秋来有冷时。送君千里，终须一别。

【译文】

得到宠爱时要想到可能有受侮辱的时候，处在平安的境地要想到也有可能处于危险的情况。始终应像大敌当前那样慎重，心情永

远要像过独木桥时那样谨慎。英雄一直在艰险的路上闯荡，富贵却像花儿一样在花枝上难以长久。人与人之间的情谊不会永远像春天时那么美好，只怕有时会如秋天来临之际那样感觉寒冷。送人送得距离再远，最后还是要分别。

【评析】

常言道："人无远虑，必有近忧。"一个只知耽于享乐，而不知在闲散之时也要存有应变之心的人，一旦遭逢变故肯定会不知所措、自乱阵脚，又有什么能力从容化解危机呢？更何况人有旦夕祸福，人生的境遇变化无常，如果不能退一步想、往远处看，他朝时移事易，就只能凄凉以对了。"念念有如临敌日，心心常似过桥时"的说法虽然有些夸张，但是在安逸的生活中做好面对突变的准备还是必要的。大到国家民族，小到家庭个体，只有居安思危、未雨绸缪才能在大敌当前、大难临头时从容面对。

"人无千般好，花无百日红"。人世的荣辱富贵转眼就会逝去，无论是非、人情，还是财富、功名，该来的都会来，该去的总会去，一切都是再自然不过的事情。该拿起时就拿起，该放下时便放下。"送君千里，终有一别"，只有那些既拿得起又放得下的人，才能心无牵挂，快乐长存。英雄行险道可成可败，富贵似花枝有开有落，也只有那些能够将生死看破、将成败看透的人，才能获得非凡的智慧和心灵的永生。

事不关己 明哲保身

【原文】

但将冷眼观螃蟹，看你横行到几时。见事莫说，问事不知。闲事休管，无事早归。

【译文】

只用冷眼看螃蟹，看那些横行霸道的人能横着爬到什么时候。看见什么与自己无关的事情，不要随便去说，如果有人问与自己无关的事情，就当作什么都不知道。不要去管任何闲事，没有事情做

就尽早回家。

【评析】

"见事莫说，问事不知，闲事休管，无事早归。"表现了人们一种自保的心态，明哲保身，全身远害，尽量避免去蹚浑水，省得惹祸上身。"事不关己，高高挂起"，这种思想是极端自私和狭隘的。人需要有些正义之心，否则一旦自己落单，便会发现世界上全都是同你一样的冷漠者，深陷"叫天天不应、叫地地不灵"的境地。有些事情该说就得说，该管就得管，不要怕惹麻烦，不要怕得罪人。自己的举手之劳也许能给别人带来莫大的帮助。

当然，在人的社会生活中，有些事情是自己能力所不能及的。在这种时候自然不需要以卵击石，恶人自有恶人磨，有时候以一种"但将冷眼观螃蟹，看你横行到几时"的心态去面对也不失为一种明智之举。现在暂时的低头是为以后的反击储备能量，将来终有一天会将其征服。面对人的社会生活，尤其自身的跌宕起伏、狂风骤雨，明智的办法是躲避在一个平静的港湾里，静待惊涛骇浪自己消退。你的应变措施也许只能使事情变得更糟。不论是天道还是人道，一切应顺其自然。有时袖手旁观是平息尘世风波的最好方法。因此，人类应该以一种辩证的态度去处理问题，既要心存正义，又要懂得保护自己。

不失本真　不移已诺

【原文】

假缎染就真红色，也被旁人说是非。善事可作，恶事莫为。许人一物，千金不移。

【译文】

假的绸缎就算染成真的红色，也会遭到人们的非议。行善的事要做，作恶的事不可干。许诺给别人一件东西，即使有人出高价钱来买也不能改变诺言。

【评析】

做人应该善良真诚，虚伪的假面不可能总是骗过别人的双眼，骗人的谎话也得不到永久的信任。

"假缎染就真红色，也被旁人说是非"，假的就是假的，即使披上再华丽的外衣也不会改变本质。就像一匹凶恶的狼，就算披上了温柔的羊皮也不可能改变它的残暴本性。一个虚伪的人若想通过包装来改变自己在他人心目中的形象，就算能得到别人一时的信任，这种信任也不会长久。想要真正改变别人的印象，首先是要找回自己善良和真诚的本真，如果自己心地纯然，别人的流言蜚语又何必去在意呢？

一个信守承诺的人是不会因为利益的诱惑改变自己的诺言的，"许人一物，千金不移"是一种高贵的品质，也是每一个想要成功的人所必须坚持的信条。无论想成就什么样的事业，都要懂得一诺千金的重要性。没有人愿意将自己的利益托付到一个背信弃义的小人身上。违反约定也许会让你尝到暂时的甜头，但却是以你长远的利益为代价的。"人无信不立"，一个人一旦失信，则威信全无，在同事、朋友之间也就难以立足了。"言必信，行必果"是处世和做人取得成功的前提。

十年寒窗苦　龙虎榜上名

【原文】

龙生龙子，虎生虎儿。龙游浅水遭虾戏，虎落平阳被犬欺。一举首登龙虎榜，十年身到凤凰池。十载寒窗无人问，一举成名天下知。

【译文】

龙生龙，虎生虎。龙游到浅水滩就会遭到小虾的戏弄，虎到了平原上也会受到狗的欺负。虽然抬头之间就名登龙虎榜，科举得

中，可这却是经过十年苦读，才来到皇帝身边啊！十年在寒窗下苦读时没人理睬，一旦榜上有名，天下就都知道你了。

【评析】

古人读书多半是为了获得功名利禄，摆脱生活的困境。吃苦算不得什么，只要有收成就行。为了金榜题名、名扬天下，受再多的苦都是值得的。凭借自己个人的努力不仅可以改变自身的命运，同时能为家族带来荣誉，使子孙摆脱寒门出身，跻身仕族子弟之列。因此，读书人对功名的热衷矢志不渝，为了龙虎榜上的名字又何止耗去区区十年青春，即使青丝白发也在所不惜。一旦做官，为了获得相应的心理补偿，颐指气使、贪赃弄权也常有发生，至于圣贤书中的教诲早已抛到九霄云外去了，哪里还顾得上什么礼义廉耻？当然，若有一天虎落平阳被犬欺，也怨不得别人。

因此，读书应该明确读书的目的，读书要读书的精髓，若把读书当成攀龙附凤的工具，那就是读书人真正的悲哀。古代读书的目的是不足取的，但是他们的精神还是值得学习的。现代的年轻人往往没有恒心和毅力，更没有刻苦钻研的精神。要知道，无论做什么事情都必须是要下一番苦功的，耐不住寂寞的人终究难以获得大的成就。

积谷防饥　有日思无

【原文】

酒债寻常行处有，人生七十古来稀。养儿防老，积谷防饥。当家才知盐米贵，养子方知父母恩。常将有日思无日，莫把无时当有时。

【译文】

欠下酒钱这样平常的事随处可见，人活到七十岁却古来少有。生养儿子为了预防日后衰老，积蓄粮食为了防备饥荒。理家主事之

后才知道钱财的来之不易，生儿育女之后才理解父母的养育之恩。应该常常在有吃穿的时候想到没有吃穿的日子，别等到没有吃穿的时候才想念有吃穿的日子。

【评析】

生命是很短暂的，而生活却在随时发生着变化。人生无常，人们有时很难判断前方等待自己的是什么。生活比人们想象的要善变得多，若安于现状，不做任何长远打算，就会使自己在变故发生时变得很被动。"养儿防老，积谷防饥"的思想虽然保守，但是却也能给人一些善意忠告。养儿防老的观念随着时代的发展已经过时，儿女都有赡养年迈父母的责任，并不是只有儿子才能作为后半生的保证；积谷防饥也在农业告别了自然经济发展成为现代化的同时，大大削弱了原来的意义。但是，人们的忧患意识是不应该削减的。尤其像我们这样一个还是以农业作为基础的人口大国，想要人民安居乐业、衣食无忧，对于吃饭问题还是不能有丝毫怠慢的。

作为社会个体的人们同样应该具备"常将有日思无日，莫把无时当有时"的素质。过日子要有长远的打算才不会坐吃山空。人的体力、精力和财力都是有限的，一旦透支过度，不仅威胁自己的健康也影响自身的前途和幸福。人需要保持清醒的消费意识，对于生活和物欲有所节制才不会令自己陷入进退维谷的境地，更不要等陷入困境时才追悔莫及。

时来运去　休问荣枯

【原文】

时□□送滕王阁，运去雷轰荐福碑。入门休问荣枯事，观看容颜□□□。官清书吏瘦，神灵庙祝肥。

【译文】

交好运的时候，风会送你到滕王阁扬名，没运气的时候，要临摹碑，碑却被雷轰毁。进别人家门，无须问日子过得怎么样，只要观察他们的容颜气色就知道了。为官的清廉，他的下级吏员都很清

瘦，供奉的神仙如果显灵，看管香火的人一定肥胖。

【评析】

人的时运有的时候的确令人难以捉摸，好像是冥冥之中注定的，但更是个人努力的结果。初出茅庐的王勃因为偶然途经滕王阁，又逢宴请天下文人墨客之机，以一篇《滕王阁序》扬名天下，其中一句"落霞与孤鹜齐飞，秋水共长天一色"更是成为千古绝唱。王勃恰逢天时、地利、人和，不可不称为幸运，但是不可否认的是，当时具备这些条件的不止王勃一人，然而为何只有他能够脱颖而出呢？这当然与他自身的才华是分不开的，可见机遇总是留给那些有准备的人的。至于《荐福碑》中那个时运不济的落魄书生若是真有一技之长，相信也会有意气风发的一天。一个人的成败、进退、荣辱、贫富都是由各种主客观条件共同促成的，而关键的是要靠自己去努力、去争取、去奋斗，同时当机遇来临时一定不要错失。

要想了解一个人的时运、际遇如何，无须多问，只要看他的气色和身体状态就可以掌握了。气色是人内心世界的一面镜子，所谓察言观色，就是为了窥视人的内心世界。而"官清书吏瘦，神灵庙祝肥"，同样只需看下属的外表，你就可以对其上司的清廉与否略知一二。虽然，祸福兴荣不能只看表面，但是我们却可以通过表面现象去了解事物的内涵。

恶语伤人　一言难追

【原文】

息却雷霆之怒，罢却虎狼之威。饶人算之本，输人算之机。好言难得，恶语易施。一言既出，驷马难追。

【译文】

做官的人应该平息雷霆般的愤怒，去掉虎狼般的威风。能饶恕别人是处世的根本，能忍让别人是处世的关键。对人有益的话很

难听到，伤人的话容易说出。一句话说出口，四匹马驾的车也追不回。

【评析】

本段主要讲在人与人的交往中应该注意的言行。温暖的春风化育万物，寒冷的冰雪使万物枯萎。为人行事也是如此，一个气度恢宏的人，无论到哪儿都受人欢迎；反之，为人如果心胸褊狭、尖酸刻薄，则会被人当成是难缠的人，大家躲避都唯恐不及，更别说还有人愿意接近了。人们常用"面恶心善"、"刀子嘴豆腐心"来形容一个人的心地不坏，只是待人比较严肃苛刻，在你我身边随处可见这类拙于表达温情的人，他们必须要经过相处，而且信赖对方时，才会释放出温情。然而，常言道"恶语伤人六月寒"，有时候无心的一句话，往往极具杀伤力，说出的话是不能收回的。对方还来不及发现原来你有一颗善良无比的"豆腐心"时，就已被"刀子嘴"伤害得遍体鳞伤了，试问，他还愿意再接近你吗？

人与人之间的关系是相互的。用雷霆之怒、虎狼之威这些强迫的手段可能使他人做出屈辱的选择，也可能激起他人做出强烈的反抗，以致矛盾激化不可调和，甚至势不两立，最后两败俱伤。改善人际关系，应该从我做起，以平等、友善的态度对待每一个人。将心比心，善待每一个人，其实是善待自己。人没有理由虐待自己，也同样没有理由轻视每一个同类，不管他是谁，也不论他是不是你的朋友。在尊重他人中获得他人的尊重，在善待异己中提升做人的境界。

择师须明　从师要虚

【原文】

道吾好者是吾贼，道吾恶者是吾师。路逢险处须当避，不是才人莫献诗。三人行，必有我师焉。择其善者而从之，其不善者而改之。

【译文】

说我好话的人是害我的人，讲我缺点的是我的老师。行路遇到危险之处应当避开，不要向没有才学的人吟诗。三人同行，其中一定有能做我老师的人。对他们的长处要虚心学习，对他们的缺点也可借鉴改正。

【评析】

从师学艺要有选择性，同

时在学习的过程中还要虚心。

俗话说"良药苦口，忠言逆耳"，千万别因为别人的称赞和恭维就得意忘形，因为那会影响你的自我评价。只懂得对你甜言蜜语的人不是对你有所图就是对你有所谋，这样的人不会对你的学习和生活有任何帮助，还是少与之接触为妙；而那些能指出你缺点，并给予你忠告的人，才是对你有帮助的人，这样的人才能担当起为人师的责任。

然而光有一个好老师还是不够的，最重要的是自己要有一颗虚心学习的心，目中无人的人又怎么会听得进去别人的劝告呢？因此，不论你的目标是什么，如果你想要追求成功，谦虚都会是你必要的素质，只有谦虚的人才能得到智慧。"三人行，必有我师焉。择其善者而从之，其不善者而改之"。以人之长补己之短，观人之短改己之过，不失为一种充实自我的好方式。我们也只有虚怀若谷、不断更新自己的知识，才能在激烈的竞争中不被社会所淘汰。

和顺为善　少壮读书

【原文】

欲昌和顺须为善，要振家声在读书。少壮不努力，老大徒伤悲。人有善愿，天必佑之。

【译文】

想要家庭和顺美满，就要多做好事；要想振兴家声，就要刻苦读书。年少力壮的时候不知道努力，到年老体衰的时候只能空自伤心了。人如果有善良的愿望，上天也会帮助他。

【评析】

本段主要讲行善和读书，这两者又可以统一到一个家庭当中。"家和万事兴"，一个家庭要想和睦，首先需要家庭成员间的和平共处，家庭之中消除肃杀之气才能招得祥和美满。"欲昌和顺须为善"，和气出于善心，有了善心，肃杀之气才能被驱散。心存善念是一种爱心的体现，家庭成员之间只有发自内心的无私的爱才会使关系融洽。同时，心存善念是一种蕴藏在人内心深处的珍贵感情，它是对人生的一种理解，对行为的一种保证。善心如水，能泽被后世。若能懂得"善为至宝，一生用之不尽，心作良田，百世耕之有余"的道理，就会在冥冥之中受到上天的保佑，合家幸福安康也就成了自然而然的事。

读书同样需要心存善念，"心地干净，方可读书学古"是古人的名训。古人以读书作为振兴家业的资本。读书就有机会做官，做官就能封妻荫子、光耀门楣，振兴家业自然不在话下。作为一个现代人，这种思想虽然已经落伍，但是读书却变得更加重要，时代发展如此之快，知识就是财富，不读书就会被社会淘汰。而且要读书就要趁年少之时，因为这时年轻体壮，精力充沛，接受新知识、新事物快，不迷信，敢创新，正是学知识、长本领的大好时机。科教兴国，同样也是要从儿童做起的，知识是一个积累的过程，只有不放弃任何一个积累的机会，才能使自己越来越充实。

种因得果　天网恢恢

【原文】

莫吃卯时酒，昏昏醉倒酉。莫骂酉时妻，一夜受孤凄。种麻得麻，种豆得豆。天网恢恢，疏而不漏。

【译文】

不要在清晨时饮酒，那样会昏昏沉沉直到傍晚；不可在傍晚骂妻子，那样一夜都会孤独凄凉。种下麻籽会收获到麻，播下豆种会

收获到豆。天的眼睛像宏大的网，虽然网眼稀疏却不会漏掉一切坏人坏事。

【评析】

胡适说过："要怎么收获先得怎么栽。"这句话不仅适用于做学问，也适用于生活中的各个方面。

卯时指的是早上六七点钟，正是一天的开始，清早起来就喝得烂醉如泥，一天的工作都会被耽误下来，再说酒能乱性，酒大伤身，酒也能误事，甚至误人一生。清早喝酒如同年少时对青春和财富的挥霍，少壮之时不努力，焉能老大不伤悲？一天之中，只有一个清晨，一生之中也只有一个青春，把最美好的时光错过了，等于浑浑噩噩过了一辈子。傍晚打骂老婆，同样是要付出代价的，起码一晚上都进不了屋，受一夜的冻是避免不了的。因此，夫妻之间有了矛盾要心平气和，不要动不动就恶言相向，如此会伤害彼此的感情，使生活失去原有的光泽。

所以说，种什么样的因就会得什么样的果，自己种的苦果就得自己去咽，"天网恢恢，疏而不漏"，生活说到底是公平的。其实，只要不违背生活的原则，按照规律办事，自然会收到好的效果。反之，则必然会受到惩罚。

进退有度　处世良方

【原文】

见官莫向前，做客莫向后。宁添一斗，莫添一口。

【译文】

见长官时不能靠前，以免被挑剔，做客时不能靠后，以免被冷落。宁愿多添一斗粮，也不要多生一个人。

【评析】

这两句反映的是封建社会为人处世的原则标准。君权至上的封建社会是一个金字塔式的结构，由高到低形成了一种一层压另一层

的状态，百姓作为社会的最底层所受的压迫是最重的。官府是封建权力的象征，对于普通百姓而言得罪官府无疑就等于是断送了自己的身家性命，对当官的还是躲得远一些为好，省得一不小心给自己惹上麻烦。而出门做客，就不能畏畏缩缩、躲躲闪闪，待人接物应该大方得体，如此才能受到别人的尊敬。进退有度，是为人处世的基本常识，只有拿捏好分寸才能游刃有余。

另外，在封建社会百姓除了要应付官府盘剥外，还要经受住天灾的考验，靠天吃饭的老百姓只能勉强糊口，如果再增添一两口人，生活可能就无法维持下去。因此，"宁添一斗，莫添一口"，人们宁愿祈求老天给个好年景多收一些粮食，也不愿意多一张嘴吃饭。其实现代社会也存在同样的问题，资源短缺、人口压力过大，再多的国民生产总值也经不起庞大人口基数的平均。所以，若想国富民强、经济快速发展，控制人口增长依然是我国目前一项十分艰巨和紧迫的任务。

妻贤子孝　合家幸福

【原文】

螳螂捕蝉，岂知黄雀在后。不求金玉重重贵，但愿儿孙个个贤。一日夫妻，百世姻缘。百世修来同船渡，千世修来共枕眠。

【译文】

螳螂只顾捕捉眼前的蝉，没想到黄雀正在它身后准备吃它。不追求家中有贵重的金银珠宝，只愿家中的儿孙个个贤能。能成为夫妻，是百世的缘分。一百世修来的缘分才能同乘一条船，一千世修来的缘分才可以做同床共枕的夫妻。

【评析】

这里主要讲家庭，儿孙贤良、夫妻和美，是所有人的愿望。其实要获得这些也并不困难，就看人们如何去做了。如果你是一个通达明智之人自然知道如何使自己的家庭更加幸福。

"儿孙个个贤"，光想是没用的，想来想去也只是美好的愿望而已，它需要你去做才能实现。因此，对子女的教育是必需的，没有良好的教育一切只是空谈。除了给他们提供学习的条件以外，还要注重对他们思想品德的培养。同时，良好的家风也是必不可少的，父母是孩子模仿的对象，一言一行都会影响到他们的成长，所谓"言传身教"就是这个道理。所以，孝子贤孙的培养不仅需要物质基础，更需要精神投入。

家庭是一个有机的整体，夫妻作为家庭的两大支柱，都起着十分重要的作用。何况，能结成一生的伴侣是要讲缘分的，自然应该珍惜。夫妻间感情的维系需要双方共同做出努力。举案齐眉、相敬如宾是理想的生活状态，吵吵闹闹、磕磕碰碰也是生活中不可缺少的小插曲，只要不伤害感情自然也无伤大雅。家庭是两个人的，日子也是两个人过，两个人在生活中虽然扮演着不同的角色，但是同样重要，不存在从属关系。夫妻间更需要理解和沟通，有了矛盾就要及时解决，否则时间越久问题越多，解决起来就越麻烦，很容易导致感情的不和，甚至破裂，到那时一切都晚了。所以，光有美好的愿望是不够的，幸福需要靠自己的双手去创造！

无伤人之心　有先见之明

【原文】

杀人一万，自损三千。伤人一语，利如刀割。枯木逢春犹再发，人无两度再少年。未晚先投宿，鸡鸣早看天。

【译文】

杀死一万敌人，自己一方也损失三千。一句伤人的话，就像用刀砍人一样锋利。枯萎的树木一到春天就会再发绿叶，人却不会有两次年少时期。旅途中不到晚上就该去找住宿的地方，听到鸡叫就即刻起来看看天气。

【评析】

本段的前两句告诉人们，要与人为善，不要去伤害别人，后两句旨在提醒人们要珍惜时光，为将来早做打算。

首先，切莫存害人之心，因为伤害他人的人往往自己也要承担很大的损失，损人不利己的事还是少做为妙。"杀人一万，自损三千"，企图伤害别人的人手中拿着的通常是一把双刃剑，在攻击别人的同时，一不小心就会将自己也弄得遍体鳞伤。恶意伤人同样会使自己陷入仇恨的旋涡中不可自拔，并且要承担造成的所有恶果，得不偿失。其次，不仅在行为上，在语言上也要得饶人处且饶人，"良言一句三冬暖，恶语伤人六月寒"，即使是出于无心的话也要少说。说者无心，听者有意，你的戏言也许会给别人带来很大的伤害。因此，一定要注意自己平时的措辞方式。

人生短暂，要珍惜自己的青春时光。青年时期朝气蓬勃、风华正茂、精力充沛，应该好好把握大好时光，早立志，立大志，勤奋学习，艰苦奋斗。趁年轻早做准备，打好基础才能干出一番事业来。人要有先见之明，未雨绸缪，省得青春不再时后悔莫及，所谓"少壮不努力，老大徒伤悲"就是这个道理。"未晚先投宿，鸡鸣早看天"，也是要人们早做打算，古代交通不便，为了安全要在天黑前就找好落脚之处。虽然现代社会交通便利，这句话似乎已经失去了原来的意义，但是它的精神还在，毕竟人还是需要这种先见之明的。

增广贤文全鉴珍藏版

人需宽怀　莫论钱财

【原文】

将相顶头堪走马，公侯肚内好撑船。富人思来年，贫人思眼前。世上若要人情好，赊去物件莫取钱。死生有命，富贵在天。

【译文】

将军宰相应能承担大事，头顶宽绰得可以跑马，王公贵族应当宽宏大量，肚里宽广得可以撑船。有钱人总考虑明年的事，穷人却只能顾及眼前的温饱。在世上要想取得好人缘，除非赊给别人东西不要钱。人的生死是命中注定的，能不能富贵全在天意。

【评析】

人若乐天知命，心胸自然开阔。钱财乃身外之物，世人何必那么执着？如果对这一点看开了，也许每个人都会变得胸怀宽广。只是做到这样似乎很难。人生活在世界上大部分的时间其实是在为生存奔忙。供人类生存的物资是有限的，于是便免不了争抢竞逐、斤斤计较，财富这种东西总是能让人趋之若鹜，要人不去在意似乎是不可能的事。毕竟，能做到将相公侯这个级别的人并不多。但是，反过来想一想，那些将相公侯若无容人雅量，恐怕也不可能使自己的事业如此辉煌。宽宏大量的确是一种做人的好品质，只有能体谅别人、理解别人、容纳别人的人，才能化解各种矛盾，才能将自己前进道路上的沟沟坎坎铺平，才能使自己的事业一帆风顺。不过这都是同平时努力锻炼自己、加强个人思想修养分不开的。

至于穷人和富人目光长短的问题，那就要取决于自己的经济状况了。一个吃不饱穿不暖的人，身无分文，你如何去要求他憧憬自己的投资会获得怎样大的收益呢？古人云"仓廪实而知礼节"，温饱问题不解决，其他的所谓宏图大业都是空谈，要人不去斤斤计较都难，更别说走马撑船了。自己若已经很富有，当然可以为了获得好人缘"赊去物件莫取钱"，就当是助人为乐也好。但是，如果没那个能力就不要硬撑，毕竟真正的友情不是建立在金钱的关系上的。富贵荣华并不是靠人们焚香祷告就能获得的，但它也并不是人生的唯一追求，如果你能在保证自己生活的前提下又有凌云之志，大可不必为了金钱浪费生命，应该放开胸怀去实现更高的人生理想。

但依本分　无须烦恼

【原文】

击石原有火，不击乃无烟。人学始知道，不学亦枉然。莫笑他人老，终须还到老。和得邻里好，犹如拾片宝。但能依本分，终须无烦恼。

【译文】

敲打石头就会产生火花，不敲打连烟也不会冒出。努力学习才会懂得道理，不去学习什么知识也得不到。不要去笑话别人衰老，

自己也有衰老的一天。同邻里相处好，如同捡到一块宝贝一样可贵。只要能本分做人，一生就不会有烦恼。

【评析】

做人要守本分，人人各司其职，首先要搞清楚自己的立场，明白自己的职责，专心致志才能把事情做好。踏踏实实做事，老老实实做人。也只有把分内的事做好了才能问心无愧、坦荡做人。

因此，作为学生就应该把书读好。人的知识不是与生俱来的，需要后天的学习、实践、生活逐渐积累起来。不学无术永远也不会学有所成。学习主要靠自身的努力，外界只是起到推动的作用。好的环境、优秀的导师也只不过是你成功的外因，"师父领进门，修行在个人"，只有通过自己的努力，做好自己该做的才能使自己真正充实起来。其他事情也是一样，守好本分是做好事情的前提。

但是"本分"并不等于墨守成规、毫无创新。做好本职工作，包括将事情做完和将事情做好，而做好的含义就是要在完成的基础上超出规定的标准，这当然也包括了创新，而现代社会离不开创新。同样，"本分"也不等于"各人自扫门前雪，哪管他人瓦上霜"的自私，做好本职工作有时候并不是一个人就能完成的，它可能是几个人合力作用的结果，需要齐心协力的团队精神。这同样是现代社会不可缺少的一种做事态度。

所以，守本分并不像看起来那样简单，需要每个人用心、专心、齐心去做。做一个守本分的人也是让自己做一个堂堂正正的人，做一个快乐的人。

治家有策　教子有方

【原文】

大家做事寻常，小家做事慌张。大家礼义教子弟，小家凶恶训儿郎。

【译文】

大户人家做起事情来处之泰然，小户人家遇到事情慌里慌张。大户人家用礼义教育子女，小户人家却用粗暴言行训斥子孙。

【评析】

其实，我们从做事的方式能看出一个人的涵养和智慧。人们经常说某某人做事有大家风范或者小家子气，就是从他们处理问题的方式方法中看出这个人是否真的有才智有能力。当然这里的"大家"与"小家"已经超出了传统意义上的大户人家与小户人家，它不是以钱财和地位为划分标准的。虽然家庭出身和家族传统对一个人的行为和思想有一定的影响，但是关键还是看一个人的后天教育是否成功。家教是启蒙教育，也是奠基教育，一个人一生的习惯和品质往往是在家庭的教育中获得的，有些可能会影响他的一生。

因此，家庭教育是不可忽视的主要教育环节。子女是否能具有大家风范就要看父母以何种方式对其进行教育。小家之气的人对子女的教育往往是粗暴严厉的，那么教育出来的子女很可能不是畏首畏尾，就是无知无行；而大方之家教育子女则往往言传身教，晓之以理、动之以情，用礼义廉耻来教育后代，效果自然不同。所谓家庭传统是会一脉相承的，教育方式通常也会被继承下来。因此，便产生了"大家"与"小家"的代代相传，小家之人行事拘谨小气，大家之人为人大方得体，但这种家族传统是可以改变的，只要肯对自己的后代用心。

行事有道　善恶有报

【原文】

君子爱财，取之有道。贞妇爱色，纳之以礼。善有善报，恶有恶报；不是不报，日子未到。万恶淫为首，百行孝当先。

【译文】

品德高尚的君子也喜欢钱财，但要用正当的手段去求取；女子都喜欢美丽，但要按照礼仪规范。做善事就一定有好报，做恶事应会有恶报；做恶事就算暂时没有遭到恶报，那只是因为时机还没有到来。各种罪恶之中以淫乱为罪魁祸首，各种行为当中孝顺最为

重要。

【评析】

中国人做事讲究一个"道"字，礼、义、廉、耻均离不开这个"道"。一旦背离就会使自己万劫不复，遭报应是迟早的事。即使不是肉体的惩罚，也会是精神上的折磨。

人们常说"盗亦有道"，做什么事情都要讲原则，不能破坏规矩、损害道义。"君子爱财"，并不是什么见不得人的事，钱财本来就是生活的必需品，喜欢钱也是无可厚非的。但是喜欢归喜欢，却不能得不义之财，要"取之有道"，通过诚实劳动、合法经营取得的钱财才能来得长远，花得安心，同时，还能不失君子风范。女子也是如此，虽然现代社会很开放，可以随心所欲地打扮自己，但是也还是要讲究得体，否则，难免会给人留下轻浮的印象。

"万恶淫为首，百行孝当先"，更能体现出道德和道义的标准。作为人类品行的两个极端，"淫"代表了人的欲望，而欲望的泛滥

往往是一切罪恶的根源；"孝"是正统的儒家思想，是所有善行的表率，一个连生养自己的父母都不能善待的人，又如何期望他会去善待别人呢？

至于脱离道义的事情，必然会遭到世人的谴责，受到应有的惩罚。"善有善报，恶有恶报；不是不报，日子未到。"虽然听起来有些宿命论的意味，但是却是导人向善的警世名言。人们的心目中总是有一杆秤，这就是道德，它是衡量一个人的行为是否合乎规范的准则。多行不义必自毙，即使不道义的行为没有被人们发现，自己内心的那杆秤也已经失去平衡，七上八下地搅得你寝食难安，最终还是躲不过良心的谴责。

因此，与其为了利益而不择手段，做一些违背良心、离经叛道的事情，不如在道义的规范和保护下坦坦荡荡地享受属于自己的那一份果实。

言而有信　不失大义

【原文】

人而无信，不知其可也。一人道虚，千人传实。凡事要好，须问三老。若争小可，便失大道。家中不和邻里欺，邻里不和说是非。

【译文】

对于不讲信义的人，可以不去结交他。一个人说的话可能没人相信，上千人传播时人们就会相信它是真的。要想办好一切事情，必须请教德高望重的老人。如果只计较细枝末节，必定会背离大道理。家庭内部不和睦就会受到邻里的欺负，邻里之间不和睦就会经常发生口角。

【评析】

人、言结合是为"信"。因此，人们说话一定不能不着边际、信口雌黄，说出的话如泼出去的水一样，是不能收回来的。如果想得到别人的尊重和信任，就必须言而有信。同样，无论是一个企业、一个商家，还是一个人，若想获得成功，都离不开"诚信"这块金字招牌，信誉是成功者必备的素质。靠欺诈取得的收获只能是一时的，不会长久，也必将受到惩罚。同时，对于一件事情的转达，要做到事实是怎样就是怎样，不能随意篡改，更不能造谣生事，否则会造成十分不良的影响。三人成虎，一个人说的话也许人们还不相信，说的人多了就会把子虚乌有的事情坐实，所以对那些道听途说毫无把握的事情不要轻易相信，更不要到处张扬。

当然，"千人传实"并不是要你不去相信任何人的话，对一切都持怀疑的态度，只是不要去做一些无聊言论的传声筒。很多时候多听听别人的建议还是很有必要的。毕竟"三个臭皮匠，能顶诸葛亮"，集思广益才能更快更好地解决问题。尤其多向比自己有经验的长辈求教更是受益良多。闭门造车，造出来的也许只会是一些废铜烂铁。适当的请教并不会影响你的创造力，而只会让你少走弯路。不耻下问是一种美德，你不会因此而比别人矮一截。所以，不必在这些细枝末节的事情上较真，做大事要不拘小节，能够获得真知灼见取得成功才是最关键的。

内因为本　外力为辅

【原文】

年年防饥，夜夜防盗。好学者如禾如稻，不学者如蒿如草。遇饮酒时须饮酒，得高歌处且高歌。因风吹火，用力不多。

【译文】

年年都要预防饥荒，夜夜都须防备盗贼，凡事都要有备无患。爱好学习的人就像田里的禾苗与稻谷，总是有用的。不爱学习的人恰似田里的蒿草一样，没有用处。遇到有酒饮时就饮酒，能高歌时

就放声歌唱。凭借风势吹火，不需要太多力气。

【评析】

一件事情的结果是内因和外因共同作用的结果，内因为本，外因为辅，两者相辅相成产生合力才能发生变化。自然界是如此，人类社会亦是如此。

为生活做好充足的准备就不怕临时遭遇变故。"民以食为天"，要想使自己的生活得到保证，除了靠自己的辛勤劳作外，还要有忧患意识，预防外界的天灾和人祸。只有内外兼顾才能衣食无忧，安居乐业。

读书也是如此，光有良好的外部条件是远远不够的，还需要看个人的素质和努力。就好像无论你怎么加热石头都孵不出小鸡一样，一个如同野草一样的人是长不成庄稼的。内因的作用才是最关键的，想要成才首先要端正自己的思想和态度，读书的环境和教师的水平都需要通过自身的努力才能转化成动力。只有善于利用客观条件，在充分发挥内因作用的前提下，才可能有所建树。在时代的激烈竞争下也只有通过内外因的结合不断提升和优化自我，才能不被社会所淘汰。

同样，不论办任何事情，都要考虑到主客观两方面条件，把主观能动性与客观可能性结合起来，才能收到事半功倍的效果。

万事少求人　事多是非多

【原文】

不因渔夫引，怎得见波涛。无求到处人情好，不饮任他酒价高。知事少时烦恼少，识人多处是非多。世间好语书说尽，天下名山僧占多。入山不怕伤人虎，只怕人情两面刀。

【译文】

没有渔夫的指引，又怎么能见到江河？不到处求人的人，人缘

就好，不饮酒的人，就不管酒价的高低。知道的事情少，烦恼也就会少，认识的人多，招惹的是非也一定多。人世间的好话都被书籍写尽了，天下有名的山多数被和尚居住了。进山不怕伤害人的老虎，生活中就怕遇到人情险恶两面三刀的人。

【评析】

世事纷纭，人心难测，生活中处处都充满了陷阱。这话看起来有些危言耸听，不过有时候也确实如此。毕竟人心隔肚皮，知人知面不知心，别人心里想什么自己不可能总是猜得到。尤其是身处繁华中的人们，由于认识的人多，两面三刀的人就多，是非也会跟着增多。如果再加上求人办事，那欠下的人情、落下的把柄就更多了，难免会让人头昏脑涨。因此，尽量少惹是非，少惹是非之人，也许就会少些烦恼。

但是，这种观点并不能完全成立。社会本来是一个整体，人与人之间有着千丝万缕的联系，万事不求人是不可能的事情。人生本来就有那么多的不可预知，是非并不是你一厢情愿就能躲得过的，你不找它它也会来找你。就如同"不因渔夫引，怎得见波涛"，人们在生活中不可能完全不需要别人的指导和帮助。再说，人情好坏并不一定在于求不求人，真正的感情是建立在真诚的基础上的。何况，有的时候帮助你的人比受你帮助的人更能成为你的朋友，因为帮助你刚好证明了他的价值和能力所在，当然前提必须是在不给别人造成困扰的情况下。至于认识人越多的确可能事情越多，但未必都是坏事，也未必都是烦恼。如果真的断绝了与人的交往，烦恼也许会减少，但快乐的来源同时也会因此被切断。任何事情都是相对的，还是顺其自然得好。

"世间好语书说尽，天下名山僧占多。"读书就要读好书，书中的锦绣美言固然是多，但也不排除一些污言秽语，因此，书也有好坏之分，读书要有选择性，不能盲目。同时还要明白，知识与文化源自生活，人群中有更加丰富的语言，并不是书籍所能全部涵盖的。读书除了要分好坏，更要深入生活，在实践中获得更丰富的知识。读书要分好坏，其他事情也是如此。

万法有因　人伦有常

【原文】

强中更有强中手，恶人终受恶人磨。会使不在家豪富，风流不在着衣多。光阴似箭，日月如梭。天时不如地利，地利不如人和。

【译文】

本领高强的人中间必定会有更强的对手，作恶多端的人最后也会受到恶人的折磨。善于使用财物不在于家中贫富，风流潇洒不在

于穿衣服的多少。光阴快似箭，日月往来像穿梭。时机好不如地形有利，地形有利不如人心和睦。

【评析】

这是一组很通俗的处世哲学，道理浅显易懂，而寓意深刻。

"强中更有强中手，恶人终受恶人磨"，告诫人们不要骄傲自大、得意忘形。人贵有自知之明，不要因为一时的成功而趾高气扬，也不要因为奸计的一时得逞而沾沾自喜。人外有人，天外有天，总会有强过你的那个人在等着你，骄傲的结果只会使自己的狂妄飞得越高摔得越重；而那些恶贯满盈的人也总会有自己的冤家对头来对付自己，多行不义最终是不会有好结果的。所以，做人还是谦虚、本分一些得好。

过日子要学会理财，生活井井有条、舒适惬意的人并不一定都是有钱人。能够将自己打理得神采奕奕的人，并不是靠几件好衣服就能办到。舒心的日子不是靠挥霍钱财得来的，风流潇洒的气质也不是靠几件名牌衣服就能包装出来的。因此，若想学会过日子要先学会理财，若想拥有潇洒的气质需要先丰富自己的内涵。

"光阴似箭，日月如梭"，时间永远以它飞快的步调一刻不停地前进着，它并不会回过头来照顾一下掉队的人。因此，若想不被别人落下或遗弃，就要跟上时间的脚步。

国人讲究天时、地利、人和，三者具备才称得上完美。而如果不能兼得，取舍的顺序就会变成人和、地利、天时。因为天时是一个很虚无的东西，不如地利那样实在，而地利同样比不上人们的齐心协力，"众志成城"之城要比城墙之城坚固得多。

孰轻孰重　孰好孰坏

【原文】

黄金未为贵，安乐值钱多。万般皆下品，唯有读书高。为善最乐，为恶难逃。

【译文】

黄金并不算贵重，安稳快乐的价值更高。世间万事都是卑下的，只有读书才是高尚的事业。做善事是十分快乐的，做坏事难逃惩罚。

【评析】

对于人生价值的衡量，每个人都有自己的标准。判断的标准不同，得到的答案自然也不一样。至于孰轻孰重、孰好孰坏也只有靠自己去体会。

是黄金珍贵还是安乐值钱要看自己是一种什么样的人生态度，一个对金钱欲望过高的人并不清楚什么才算真正的安乐，对他而言安乐的定义也许就是更多的金钱。只是是否真正有过安乐的感受，那就要看他的欲望是否真正得到过满足了。

对于古人而言读书是一个高尚的事业，不为别的，只因为读书可以获得知识，知识可以当作敲门砖，这块敲门砖可以敲开存有颜如玉、千钟粟的黄金屋的大门。寒门士子为了摆脱贫困获得富贵而读书，仕族子弟也要为了维护已有的富贵和权势而读书。总之，这项高贵的事业把人格模式化了，而人们的思想也将这项高贵的事业世俗化了。读书失去了它本来的意义。而"唯有读书高"这是一种官尊民贱的"官本位"思想，同样禁锢了人们几千年的生活。读书只为做官的思想当然是要不得的。况且，现代社会无论从事什么职业都离不开读书，没有知识什么事情都做不好。至于"万般皆下品"那就更加无从谈起了。

行善与作恶都是人的处世方式，但是两者却会产生截然不同的结果。"为善最乐，为恶难逃"，行善之人往往有一颗善良而快乐的心，不管命运如何捉弄，他们的生活都不会失去灿烂的阳光；而作恶之人即使一时得逞也终难逃脱生活的惩罚，是非善恶总有尘埃落定的一天。

隐恶扬善　孝道当先

【原文】

羊有跪乳之恩，鸦有反哺之义。孝顺还生孝顺子，忤逆还生忤逆儿，不信但看檐前水，点点滴滴旧窝池。隐恶扬善，执其两端。妻贤夫祸少，子孝父心宽。

【译文】

羊羔有跪下接受母乳的感恩行为，小乌鸦有衔食反喂母鸦的情义。孝顺的人生的孩子也孝顺，忤逆不孝的人生的孩子也会是逆

子，如果不相信只要看看屋檐滴下的水，一点一滴都流进了旧坑里。不应该揭露别人的短处，应多宣扬别人的好处，尽力掌握好这两个问题。妻子如果贤惠，丈夫就少遭祸患，儿子如果孝顺，父亲就心情舒畅。

【评析】

中国人重视孝道，在君权至上的传统思想中，人们将它与精忠报国摆在同一个层次，可见它地位的超然。子事父以孝，臣事君以忠，历代统治者都把提倡孝道作为立身教民的根本和建国治邦的基础。元代甚至出版《二十四孝》，作为宣传孝道的工具。今天，虽然作为封建思想的护身符它已经失去了原来的意义，但是作为一种高尚的人文精神它依然具有自身的价值。人应当懂得感恩，受人滴水之恩，还要涌泉相报，更何况是父母深广如海的养育之恩。羊跪乳，鸦反哺，动物尚且知养育之恩，人又岂能不为父母尽孝？当今社会不赞成愚忠愚孝，但是孝敬老人还是值得现代人去继承和发扬的。同时，这种思想又是一脉相承的，下一代是否能继续保持这种优良传统需要为人父母的言传身教，自己对老人的一言一行都会成为后代模仿的对象，不孝之人得不孝之子也是很正常的事情。想要妻贤子孝、和乐美满，自己就要先做好榜样。"孝顺还生孝顺子，忤逆还生忤逆儿，不信但看檐前水，点点滴滴旧窝池"，就是这个含义。

"隐恶扬善，执其两端"，同样是中华民族的传统美德，体现的是儒家思想的中庸之道。当然，扬善不是曲意奉承，隐恶也不等于包庇坏人坏事。它指的是称赞别人的优点，不揭露别人的短处。人人都喜欢赞美，人人也都需要赞美，因为人人希望获得肯定。所以，对于别人的长处和成绩我们要学会赞扬。同时还要懂得"打人不打脸，揭人不揭短"，对于别人的缺点和错误应给予善意的忠告而不是大肆宣扬。每个人都有自尊，谁都不希望把自己丑陋的一面暴露在阳光下。使别人难堪的结果不仅不能帮助别人改正错误，还会招来对方的嫌恶。处世应该把握好这两种尺度，持一颗真诚包容之心去对待他人。

知足常乐　随遇而安

【原文】

　　人生知足何时足，到老偷闲且自闲。处处绿杨堪系马，家家有路通长安。既坠釜甑，反顾何益？已覆之水，收之实难。

【译文】

　　人一辈子也没有知足的时候，老了挤点时间清闲一下吧。只要有杨柳树就可以拴马，处处都有路通向长安。既然釜和甑都已经碎了，再回头看它还有什么用处？泼出去的水，想全部收回来根本不可能。

【评析】

生活中有许多事情是无法挽回的，人要是不把心胸放开，那日子只有在每天的追悔中度过，人生还有什么快乐可言呢？"既坠釜甑，反顾何益。已覆之水，收之实难。"就是要告诉人们既然事情已经发生、错误已经铸成，后悔和自责是毫无价值、毫无意义的。人的目光应该朝前看，不要总盯在过去的失误上，如此是不会取得进步的。"前事不忘，后事之师"，但"不忘"不等于懊悔，若能从中吸取教训、知错能改，想办法弥补造成的恶果，就是最大的收获。何况人生中遗憾的事情随时都会发生，自怨自艾只是在浪费生命而已。做人还是达观一些，一切顺其自然，才能活得轻松自在。

人生的欲望是没有止境的，人心想要得到满足恐怕也是一种奢求。也正是人心不足、欲壑难填才使自己在每天的奔波劳累中疲惫不堪地度过。人对"满足"这个词的体会似乎总是没有那么深刻。因此为了知道它是何种滋味，人们孜孜不倦、日夜兼程企图能够使自己得到"满足"。殊不知那本是自身拥有的珍宝，在追逐时却被当作废物丢掉了，结果当然是离它越来越远。所以，人的心里永远不会觉得满足，于是就千方百计用名利物欲来填充，最后却反而更加空虚，因为那些本来都是美丽的泡沫，空虚而易碎，随时都会破灭。其实，只要生活过得去，大可不必把自己搞得如此狼狈，物质不应该是生活的目的，知足者方能常乐。

因此，人不妨活得潇洒一些，不要对那些得不到和已失去的东西耿耿于怀。若能随遇而安，那么人生中便能"处处绿杨堪系马，家家有路通长安"了。

见易学难　殊途同归

【原文】

见者易，学者难。莫将容易得，便作等闲看。用心计较般般错，退步思量事事宽。道路各别，养家一般。

【译文】

看着容易，要学会就很难。不要把容易得到的东西，看得平凡不知珍惜。过于用心计较就会认为每件事都做得不对，退一步想想，一切事都容易处理了。道路各有不同，治家的道理却都是一样的。

【评析】

看着容易做起来难，生活中有许多事情事实上远比自己想象的要复杂得多。做任何事情都需要一定的技巧，而这些技巧是在长时间的操作中慢慢磨合出来的，所谓熟能生巧就是这个道理。所以，不要瞧不起生活中看起来微不足道的一些小事和一些普通人，他们的工作并不像我们想象的那样简单。自以为是的聪明人没有必要总是昂着骄傲的头，只有自己亲自去尝试一下才会知道"钢铁是怎样炼成的"。精湛的造诣是在苦功中得来的。因此，对于那些看来简单、得来容易的事情，人们应该学会尊重和珍惜，要看到平凡的外表下蕴含着的伟大。

当然，有些事情的确需要珍惜，而有些事情还是要等闲看的。比如一些鸡毛蒜皮的小事，一些关系到个人的小利，就不必那么斤斤计较。斤斤计较的结果往往会使事情变得更复杂，最终不仅无法解决，还会将矛盾激化，破坏人际关系。退一步海阔天空，以退为进反而会收到意想不到的效果。学会换位思考、转换立场能让你的眼界更加开阔，发现更多新的契机，问题处理起来自然能够得心应手。处世治家都是相同的道理，处理矛盾是门艺术，若能将心比心，掌握其中的诀窍，不管用什么样的方式，都能殊途同归。

人心未足　得不偿失

【原文】

从俭入奢易，从奢入俭难。知音说与知音听，不是知音莫与弹。点石化为金，人心犹未足。信了肚，卖了屋。

【译文】

从节俭到奢侈容易做到，从奢侈到节俭就十分困难了。领悟音乐的话只有对能领悟音乐的人说，对方不懂得欣赏音乐就不要对他弹琴。即使有了点石成金的法术，人的贪心依然不会满足。只为填饱肚子，结果卖掉了房子。

【评析】

节俭是中华民族的传统美德，然而这种美德虽然在贫困的生活中容易做到，但是一旦生活富裕了就变得很难坚持下去了。因为贫困的日子没有经济能力，节俭无须提倡，人们自然能够艰苦朴素。物质条件一旦成熟，人们便会经不起物欲的诱惑，铺张浪费的心理便会抬头，于是节俭便失去了它的市场。而当习惯了这种生活，想要重新再过节俭的日子就不是一件容易事了，即使变得落魄也很难改变大手大脚的坏毛病。人之欲望最是难平，并不会因为贫困而有所收敛。因此，司马光说"由俭入奢易，由奢入俭难"，就是这个道理。

为了满足自身的私欲，人们往往也会做出一些得不偿失的蠢事。点石成金并不能满足，还想要点石成金之手，结果触物皆金，饭不能食、衣不能着，甚至连自己也变成金子的时候，金子还有什么价值？自己的贪婪不仅害人而且害己，与飞蛾扑火无异。为了一时的口舌之欲，而放弃长远的生存条件是十分愚蠢的行为，可是却有很多人在继续重复着这样的蠢事。"信了肚，卖了屋"，眼前的欲望是得到满足了，只是却忘记了吃饱了还会饿，下一顿拿什么来换取呢？小到个人，大到国家，如果不管好自己的嘴，再丰厚的家产都会被吃光。连安身立命的凭借都失去了，生存都成问题，还拿什么来谈发展？

独善其身　听天由命

【原文】

谁人不爱子孙贤？谁人不爱千钟粟？奈五行不是这般题目。

【译文】

没有人不喜欢子孙后代贤能，没有人不喜欢无比优厚的俸禄，只是无奈五行八字中没有那样的运气。

【评析】

这段话体现的是一种很消极的人生观。用一种很冷漠的处世态度面对身边的人和事，对一切都漠不关心，事事听天由命，这显然是不足取的。

　　"谁人不爱子孙贤？谁人不爱千钟粟？奈五行不是这般题目"，是一种很宿命论的观点。它告诉你"命里有时终须有，命里无时莫强求"，虽然这种观点可以让你在失意时暂时得到一些安慰。但是，如果它一旦在你的思想中生根发芽，就会让人失去生活的热情和斗志。随遇而安能使人变得洒脱超然，但是听天由命却会让人变得悲观厌世。它会消磨人的进取心，既然一切都是命中注定的，该来的终会来，该有的总会有，那就不需要努力了，如果命里注定没有，再怎么努力也是白费，因此，人只要坐享其成就好。这种观点显然是不切实际的。努力也许得不到自己想要的结果，但是不努力就一定没有结果。

家和事兴　人和邻睦

【原文】

莫把真心空计较，儿孙自有儿孙福。天下无不是的父母，世上最难得者兄弟。与人不和，劝人养鹅；与人不睦，劝人架屋。

【译文】

不要一门心思空打算，子孙自然会有他们自己的福分。天下没有不好的父母，人生最难得的是骨肉兄弟。如果与别人合不来，请去养一群鹅。如果与别人不和睦，要想想古人盖房子通力合作的精神。

【评析】

这段话讲居家生活，告诉人们父母亲情的可贵，以及邻里之间应该如何和睦相处。

中国人有很强的家族观念，血浓于水的骨肉亲情是任何东西都无法替代的。孩子永远都是父母生活的重心，从呱呱落地到牙牙学语，从蹒跚学步到成家立业，子女的一举一动都牵动着父母的心，没有谁比父母给自己的爱更多、更无私。父母为儿女操劳一生却心甘情愿、毫无怨言，只要儿女幸福就是他们的幸福。因此，世上的父母都是伟大的，需要儿女的体谅和尊敬。不要因为他们爱你而对他们予取予求，更不要因为观念的不同而对他们横加指责。只有他们是你永远的港湾，无论风雨都会迎接你的靠岸。而为人父母者也要懂得，疼爱子女固然重要，但是也不要让自己太过操心，"儿孙自有儿孙福"，就像每个小鸟都会有属于自己的一片天空，做父母的需要对子女适当放手，才能给儿女更广阔的发展空间。不要担心他们的将来，经历过风雨才能拥有精彩的人生。

在家庭生活中，邻里的关系占据着很大一部分空间。即使身处现代社会的高楼大厦之中，人们的交往虽然少了，但是依然是低头不见抬头见。有了交往就会有摩擦。不论谁对谁错，摩擦的产生双方都需要负责任。古代邻里若有了摩擦，就会有人劝你去养鹅架屋，不为别的，只因为鹅群的吵闹能让你体会争吵是一件多么令人头痛的事，而盖房子则需要通力协作，让人们明白合作的重要性。虽然今天没有人再去养鹅架屋，但是这句话的寓意和精神还是存在的，人们依然可以从中体会邻里之间和睦相处的意义。

不交僧道　但行好事

【原文】

但行好事，莫问前程。不交僧道，便是好人。

【译文】

一心去做好事，不计较前途怎么样。不与僧道打交道，就是好人。

【评析】

此语劝人向善，同时不要去计较结果。做好事的初衷是为了给别人提供帮助，急人之难是一种高尚的情操，如果其中掺杂了私心

的成分，动了希望得到别人回报的念头，那么好事就不能称其为好事，而是变成了一种交易。当自己的私心得不到回报时，心理必然不能得到平衡，而心理补偿得不到满足必然会让人产生一种怨恨甚至气愤的情绪。这样做好事非但没有为自己带来快乐反而让自己情绪低落，这又何苦呢？因此，我们的祖先很明智地告诉后代"但行好事，莫问前程"，少一分斤斤计较就多一分怡然自得。

至于"不交僧道，便是好人"，这句话让人有些匪夷所思。僧道本是出家之人，行善惩恶是他们的本分。按理说结交僧道应该受益良多才是，怎么反而成了坏事了呢？古人大抵是这样认为的：许多僧道在出家之前可能是大奸大恶之徒，为了逃避罪责、掩盖身份才出家，并非真的良善之辈，与之结交可能会误入歧途；还有一种原因可能是为了防止人们结交僧道听信他们的说教，而看破红尘、遁入空门，最终抛家弃子、自毁前程。不管是什么原因，其实只要人能够坚定自己的立场，坚持做一个好人，就足够了！

急中生智　事在人为

【原文】

河狭水激，人急计生。明知山有虎，莫向虎山行。路不行不到，事不为不成。人不劝不善，钟不敲不鸣。

【译文】

河道变窄，水流就会湍急，人在紧急关头，就会想出好的对策。明知道山中有老虎，就不要向有虎的山中去了。道路不铲修就不会平坦，事情不去做就不能成功。人不劝导教育就不会成才，钟不敲击就不会鸣响。

【评析】

人的身体里面存在着自己都难以相信的潜能，只是这种潜能往往只有在受到巨大压力的时候才能被激发。人在危机之时思维会高度集中，大脑会高速运转，迅速调动起自己的各种知识储备，以应对突如其来的变故。因此，每个人都不要低估自己的能力，更不要说自己做不到，人没什么是做不到的。不过，生活中人们不可能也不能总是处于这种紧张的状态，脑神经如果时刻这样紧绷着迟早是会崩溃的。只有在平时的放松中积累知识和经验才能在下一次危机来临时以更机智和敏锐的思维去面对和处理。如果能够适时地发现危机，并能避免当然更好，没有必要"明知山有虎，偏向虎山行"，不直面危险而能达到目的的人才更加明智。

人的潜力是巨大的，但是如果我们自己不去挖掘，就永远也不会知道自己身上到底蕴藏着多么丰富的宝藏。因此，人必须在实践中才能发现自身的价值。就像钟不敲不鸣的道理一样，人不去朝着自己的目标努力就永远也别想到达理想的彼岸。事在人为，前提是人必须去"为"才行，事情不做是不会成功的。"路不行不到""人不劝不善"都是同样的道理。

为善积福　不昧己心

【原文】

无钱方断酒，临老始看经。点塔七层，不如暗处一灯。堂上二老是活佛，何用灵山朝世尊。万事劝人休瞒昧，举头三尺有神明。但存方寸土，留与子孙耕。

【译文】

有些人悔悟得太晚，没有钱了才不喝酒，到了老年才读佛经。为七层佛塔都点上灯，不如在暗处点一盏灯对人更加有益。家中的双亲就是活菩萨，何必非要去灵山朝拜如来佛祖。劝人做事不要隐瞒真情，其实你头顶上就有神灵看着你。存下一片善良的心，留给子孙去继承吧。

【评析】

人们应该心存善念、多行好事。行善积德在什么时候都不会过时。"举头三尺有神明"固然是种迷信的说法，不足为信，但是劝人向善的宗旨是没错的，人若想作恶又想瞒过世人终究是很难办到的。虽然没有神灵察看，但若要人不知，除非己莫为。做了坏事，总要留下痕迹，迟早会露馅儿。因此，一个人要善于把握自己，严格要求自己，况且为善比作恶要幸福得多。

　　所谓身教重于言教，为人长辈者日常生活中的一言一行，都是下一代学习效法的对象，对于子孙人格的形成影响甚巨。"无钱方断酒，临老始看经"，坏的习惯会影响下一代的成长，喝酒喝到倾家荡产是可悲的，荒废青春也是可耻的，如果上梁不正，下梁必然就会歪。而一个心地善良的人，其日常言行都是以善为出发点，"堂上二老是活佛"，儿女子孙经过长时间的耳濡目染，自然而然就学得了以善良处世。而以良善传家者，待人诚恳、做事踏实，自然都能创下一番事业，所以常言道"积善之家庆有余"。由此看来，留给后代子孙最珍贵的宝藏并不是财富名位，而是心存善念的价值观，使良善之心代代流传，这样才能为儿孙种下幸福的根苗。

正道沦丧　警钟长鸣

【原文】

灭却心头火，剔起佛前灯。惺惺常不足，蒙蒙作公卿。众星朗朗，不如孤月独明。兄弟相害，不如友生。

【译文】

灭掉心头的欲火，剔亮佛前的明灯，多做好事，常常警觉。绝顶聪慧的人往往得不到施展才能的机会，昏庸愚蠢之辈却总能做朝

廷高官。群星闪闪发光，不如一个月亮那么明亮。兄弟间若互相伤害，还不如好朋友。

【评析】

无论是古是今，社会中总是存在着一些不公正的令人灰心的现象，天道似乎泯灭了。

"惺惺常不足，蒙蒙作公卿"，有"才"莫若有"财"。怀才不遇的人随处可见，可是怀财不遇的情况却很少发生。有才能的人得不到重用，而那些昏庸愚蠢之辈却能飞黄腾达，命运是不公平的。"有钱能使鬼推磨"，金钱的魅力总是令人无法抵挡，卖官鬻爵、子承父职是封建社会的潜原则，钱权交易是再正常不过的社会现象。于是有钱的有了权，有权的更有钱，至于是否能胜任自己的职责通常是不会有人去过问的。而那些无权无钱的正人君子反而成了无用武之地的可怜人。即使是在政治清明的朝代，因为人情、喜好，也同样会出现用人不当的问题。竞争的法则从一开始似乎就是有失公允的，但也正是因为如此，人们才希望能改变它，随着社会的进步，社会制度也在逐步完善。

至于亲情，同室操戈的事情也屡见不鲜，人们往往为了利益而手足相残，在得失面前忘记了血浓于水。古代君王为了权力地位而"兄弟相害"，现代人也会为了财富家产而反目成仇。"不如友生"，友情之所以能超越亲情，是因为其中的利益关系要少得多。人有时真的是一种很糊涂和狭隘的动物，难道权力和财富真的比亲情还要重要吗？

合理可作　人心莫欺

【原文】

合理可作，小利莫争。牡丹花好空入目，枣花虽小结实成。欺老莫欺少，欺人心不明。随分耕锄收地利，他时饱暖谢苍天。

【译文】

符合情理的事情就可以去做，蝇头小利不要去争。牡丹花开得艳丽却只能观赏，枣树的花虽小却能结出果实。不要去欺骗和欺负

年纪小的人，那样做就太不明事理了。发挥地利，按照节令耕作农田，收获时还要感谢苍天的保佑。

【评析】

这段话告诉人们两个道理：其一，做事要符合事物发展的规律；其二，要脚踏实地，不昧己心。

一个人若想收获成功，不下一些苦功是不行的，但是下苦功的同时还要遵守社会和自然的规律。逆潮流而动的人精神固然可嘉，但方向错误往往不仅得不到想要的结果，同时还会使自己陷入困境。"合理可作"，事情若是合情合理的，成功自然也是水到渠成的。天道酬勤，但前提是要符合天道。人们的耕耘和收获都要受到季节变化的控制，只有按节气的运行耕作才能获得丰收。"随分耕锄收地利，他时饱暖谢苍天"，种田是如此，做任何事情也都是如此。

规律不会自动为人们带来财富，它需要人通过自身的掌握才能发挥作用，只懂得纸上谈兵的人不一定真的能打胜仗。成功来自实践中的不断努力，只有通过不断努力得来的果实才是最甜蜜的，成功太容易获得就会变得廉价了。华而不实的人只能看到短暂的虚荣而体会不到收获的馨香，所以说"牡丹花好空入目，枣花虽小结实成"。若能做到不欺人、不自欺，抛弃那些虚无的空话，多一些实际的行动，自然能更多地收获成功和喜悦。

得忍且忍　得耐且耐

【原文】

得忍且忍，得耐且耐；不忍不耐，小事成大。相论逞英豪，家计渐渐退。贤妇令夫贵，恶妇令夫败。

【译文】

能忍就忍，能耐就耐。倘若不忍耐，小事就会酿成大灾。假如同别人争强比富，家产必定会逐渐败坏掉。贤惠的妻子能帮助丈夫成功，不好的妻子只会使丈夫失败。

【评析】

每个人都有自己的情绪，而情绪是一种很玄妙的东西，有时玄妙得让人难以捉摸。但是，无论如何你都要想办法将它捏得紧紧的，因为这关系到自己能否在社会上游刃有余地生存。有时候掌控不住情绪，不管三七二十一发泄一通，结果搞得场面十分难堪。生活中难免会碰到这种擦枪走火的状况。学会忍耐，"小不忍则乱大谋"，能够将情绪收放自如的人才能掌握大局。

自古以来，评价人的标准，只看一个人的涵养和行事风格，就知道他是否可以成为可塑之材，是否有大将之风。因此，若想成为人上之人，除了能力与知识之外，还要看这个人是否能将自己的情绪把握好。情绪处理得好，可以将阻力化为助力，帮你化解危机、政通人和。家庭也是相同，莫与他人争一时之气，与街坊四邻少一些争执，日子自然会和顺，心情舒畅做事才能更轻松，与人为善，才能获得更多的帮助和支持。所以，"相论逞英豪，家计渐渐退"，"贤妇令夫贵，恶妇令夫败"，还是有一些现实意义的。

穷以养志　达能兼善

【原文】

一人有庆，兆民咸赖。人老心未老，人穷志不穷。人无千日好，花无百日红。杀人可恕，情理难容。

【译文】

把握权力的人，他一个人有了值得庆贺的事情，很多百姓都会从中得到好处。人的年纪老了，思想不应当随之衰老，人即使生活贫穷，但志气却不应穷尽。人不可能总是一帆风顺，花不可能百天都红。如果杀了人还可以宽恕的话，那在情理上实在说不过去。

【评析】

君子立志往往是"穷则独善其身，达则兼济天下"。"一人有庆，兆民咸赖"，语出《尚书》，意思是说，手中把握权力的人，自己有了值得庆贺的事情，老百姓也会跟着沾光。虽然它强调了封建社会权力的魅力，但是能够得到一位兼济天下的统治者也不失为人民之福。尤其是作为一个领导人，他一个人的成功常常能给更多的人带来好处。因此，带头人的作用是不容忽视的，所谓"为官一任，造福一方"，能够为人民造福是当政者的准则。

贫穷、富贵也好，青春、苍老也罢，无论处于人生的哪一种状态，人都应保持一种健康的心态。"人老心未老"便能在年老时再创人生的辉煌，"人穷志未穷"就能在失意落魄时保持昂扬的斗志。"人无千日好，花无百日红"，没有什么是永恒不变的，人若不能拒绝改变，那么何不使自己豁达一些，坦然接受比消极抵抗要智慧得多。

富贵贫穷　难改家风

【原文】

乍富不知新受用，乍贫难改旧家风。座上客常满，杯中酒不空。屋漏更遭连夜雨，行船又遇打头风。

【译文】

生活刚刚由穷变富时还不会享受，刚刚由富变穷时还改不掉挥霍浪费的旧习气。宴会上的客人经常满座，杯中的美酒总也不空。屋顶漏了却又遇上连夜大雨，船正行驶却遭遇逆风。

【评析】

一个人的生活习惯和行事方式不是一朝一夕就能改变的。长期处于贫穷状态下的人很难一下子适应富有的生活状态和社交环境，难免会有刘姥姥进大观园的感觉。反过来，荣国府里的各位老爷夫人在告别了"座上客常满，杯中酒不空"的日子之后，同样受不了朝不保夕、贫困枯燥的生活状态。生活方式的转变是一个过程，人的心理需要有一定的适应时间，认清自己的处境，转变自己的心态，改变生活习惯和交际方式。

同时，它还告诉人们，面对倏忽万变的人生际遇，人们应该懂得调适自己的心态，生活中的不如意，并不会因为你的悲哀而有稍微的改变，正确健康的心态是一个人能够常保人生快乐的法宝。"屋漏更遭连夜雨，行船又遇顶头风"，是谁都有可能遇上的倒霉事，老天爷最喜欢玩雪上加霜的把戏来作弄世人，只要你面不改色地应对灾难，老天又能奈你何？它一旦发现自己的把戏不起作用，就会索然无味，而将注意力转移到另一个倒霉者的身上。所以，做人要时刻注意调整自己的心态，才不会让命运的"诡计"得逞，否则，你将很难获得翻身的机会。

天行何健　自强不息

【原文】

笋因落箨方成竹，鱼为奔波始化龙。曾记少年骑竹马，看看又是白头翁。

【译文】

笋因为外壳层层脱落才逐渐长成竹子，鱼由于经历了奔波才变成蛟龙。还记得少年时骑马游戏的情景，转眼之间现在已是白发苍苍的老人。

【评析】

"天行健，君子以自强不息。"时间是不知疲惫的机器，人只有马不停蹄才能跟上它的脚步。岁月能给人的时间并不充裕，"曾记少年骑竹马，看看又是白头翁"。人的生命不能重来，所以要珍惜，活在当下，让自己过得充实。可惜的是，人往往不能及时把握自己，总在蹉跎有限的生命。自古以来，人们对于短暂的人生存在不同的价值取向。人的生命最多不过百年，而百年的时间转瞬即逝，既然有幸生存在天地之间，岂能不好好地生活，让自己的生命发光发热？

"笋因落箨方成竹，鱼为奔波始化龙"，人生要获得更大的发展还需要不断的成长，而成长是需要代价的，竹笋如不层层褪去保护自己的外衣就不能参天，鲤鱼也只有经过长途跋涉才能跳过龙门化身为龙。人也是一样，一个人要学有所成，在事业上获得成功，就要舍得下一番苦功，就要有百折不挠的精神。所以，人们应该时刻不忘提醒自己要珍惜光阴，要在有限的人生中去发掘生命的价值与乐趣，让自己拥有无憾的人生。

天行有道　达人知命

礼义生于富足，盗贼出于赌博。天上众星皆拱北，世间无水不朝东。君子安贫，达人知命。

【译文】

礼义是在富足生活中形成的，往往因为赌博才使人沦为盗贼，走上犯罪的道路。天上的众星都朝向北斗星，地上没有一条江河不向东流。品德高尚的君子能安于贫困的生活，通达道理的人会听凭命运安排。

【评析】

自然有自然的规律，社会有社会的法则。

"天上众星皆拱北，世间无水不朝东"，自然界遵循着自己的规律运行，也只有遵循自身的规律才能使世间万物并行不悖。人类社会也只有遵循自身的法则才能健康发展。礼、义、廉、耻是人们生活中的行为规范，而它的形成也是一个逐渐发展的过程。社会的文明程度与它的物质积累通常是成正比的。人类社会在茹毛饮血的时代，生存是最紧迫的问题，决不会有时间和精力去研究什么道义和礼法。"仓廪实而识礼节，衣食足而知荣辱"，经济基础打不牢，上层建筑就不会坚固、稳定。无论是个人还是社会，人们只有吃饱穿暖了之后才会有精力去思考更深远的人生社会哲理。

一个高尚的人能够安贫乐道是因为虽然生活清贫，但是他们更懂得人生和社会的哲理，他们懂得财富对生活的重要性，更懂得对生活条件的追求要从实际情况出发，盲目追求和攀比是毫无意义的。因此，安贫知命不是对社会规律的背离，而是对其更高层次的认识和领悟。

顺应天道　共创和谐

【原文】

　　良药苦口利于病，忠言逆耳利于行。顺天者存，逆天者亡。人为财死，鸟为食亡。夫妻相和好，琴瑟与笙簧。

【译文】

　　有效的药物吃着虽然苦，却对治病有利，批评的话语尽管听着刺耳，却对自己行事有所帮助。顺从自然规律才能生存，违背自然规律的人和事必然灭亡。人为生计、钱财而死，鸟为觅食而亡。夫妻之间亲密和睦，就像琴瑟笙簧一样和谐弹奏。

【评析】

天指自然，天道指自然规律。"顺天者存，逆天者亡"，无论是人类还是自然万物要想生存下去就要顺应自然界的规律。逆天而行的教训往往是惨痛的。人类作为万物的主宰、宇宙的灵长，更应该懂得这个道理，但是人类却常常为了争夺眼前的利益而忽略了观察自己的处境，没有发现自己在不知不觉中已经脱离了规律的轨道，若不及早回头势必要撞得头破血流。"人为财死，鸟为食亡"，人为了满足自己的贪欲，一刻不停地掠夺着数量有限的财富，大大小小的战争此起彼伏，人类社会从没有享受过真正的安宁。而争夺的结果又能怎样？无数的生灵涂炭、资源匮乏，人类的生存和生命更加没有保障。人类在挖掘大自然财富的同时，也为自己挖掘了坟墓。天灾人祸都是人类自找的，自己种下的苦果也只有自己吞下。

然而，"亡羊补牢，为时未晚"，只要人类认识到自己的错误并能及时改正，后果还是可以挽救的。共建和谐社会就是一种解决的方案，人与自然、人与社会、人与人之间只要遵循规律、和谐相处，就能拯救自然、拯救社会、拯救人性，就能像"琴瑟与笙簧"那样弹奏出优美和谐的旋律。说到底都是一个"和"字，"和气生财"、"和衷共济"、"家和万事兴"、"和为贵"，我们的祖先在很早以前就已经认识到它的巨大威力，只不过这些哲理都被自以为是的现代人丢到了一边。"和"曾经作为古人处世与发展的工具发挥了积极的作用，今天它成为拯救人类生存的法宝是否还能再现辉煌，就要看人类是否能够珍惜和善加利用了。

富贵多病　快心生殃

【原文】

有儿穷不久，无子富不长。善必寿考，恶必早亡。爽口食多偏作病，快心事过恐生殃。富贵定要依本分，贫穷不必枉思量。

【译文】

有了儿子，日子就不会永远贫困，没有儿子，富裕也不会长久。好人是会长寿的，恶人一定早死。美味可口的食物吃多了反而会得病，高兴的事情过多恐怕灾难要临头。富贵之后还须遵守本分，贫穷了也不要胡思乱想。

【评析】

这段话总体是在讲富贵、贫穷的问题。当然其中一些观点是偏颇的，比如说"有儿贫不久，无子富不长"就是典型的重男轻女思想，认为一家的香火只能靠男子才能继承下去，当然在男女平等的现代社会是不能成立的。其他三句虽然有或多或少的封建残余，但是基本指导思想还是正确的。主要是要告诉人们应该安贫乐道、行善积福，富要富得本分，穷要穷得厚道。

对于生活在富贵丛中的人们切莫为富不仁，更要注意节制，什么都不要做得太满。"爽口之味，皆烂肠腐骨之药，五分便无殃；

快心之事，悉败身丧德之媒，五分便无悔。"可口的佳肴美馔，吃多了便不觉味美；治病的良药，服用过量也可能成为致命毒药。一个深明养生之道的人是懂得节制的，绝对不会以这种方式来摧残自己的健康。同样，人在得意的时候也不可过于狂喜，否则也会损身败德，俗话说"乐极生悲"，人往往容易在得意忘形的状态下发生意外，因此凡事当适可而止。何况，一个人如果贪图物质享受，他的心志必将为物欲所役使，精神生活也将空虚不堪。"藜口苋肠者，多冰清玉洁；衮衣玉食者，甘婢膝奴颜。盖志以澹泊明，而节从肥甘丧也。"为了满足私欲，有人不择手段去钻营谋利，有人甘愿卑躬屈膝去奉承权贵，有人不惜触法去作奸犯科，不管是哪一种，其背后的动机都是为了追求享乐。虽然锦衣玉食者，未必个个是奴颜婢膝，但是一个过度追求物质享受的人就不会有高尚的节操，因为他的价值观已经被物化了。

　　所以，无论是贫穷还是富贵，都不要迷失自己的本心，人生最宝贵的不是财富而是精神。

脚踏实地　莫贪小利

【原文】

画水无风空作浪，绣花虽好不闻香。贪他一斗米，失却半年粮；争他一脚豚，反失一肘羊。龙归晚洞云犹湿，麝过春山草木香。

【译文】

明明没有风，画上的水却突起了层层波浪，绣出的花尽管好看

却没有花香。贪图别人一斗米，却失掉了自己吃用的半年粮食；为了与别人争一只猪脚，反而丢掉了半边羊。龙在晚上返回洞里时，云还是湿的，麝跃过春天的山上时，草都带着香气。

【评析】

俗话说"雁过留声，人过留名"，这与"龙归晚洞云犹湿，麝过春山草木香"的意思基本相同，人若能在自己的一生中做那么一两件让后世怀念的事，才算是不枉此生。而人若想流芳千古，就需要经得起时间的磨炼和考验。首先做事要扎实，其次做人要无私，一个心中只有自己，华而不实、空洞贫乏、见利忘义的小人又怎能成为后世学习的楷模？

"画水无风空作浪，绣花虽好不闻香"，人们讽刺徒有其表却不学无术、胸无点墨的人为绣花枕头。"生就一副好皮囊，腹中原来草莽"，没有真才实学的人迟早都会在实践和时间的双重考验下原形毕露。做人只有脚踏实地，才能有所收获。

做人勤勤恳恳、扎扎实实，收获的果实才能甜蜜馨香。而贪图小利的人往往被眼前的利益迷住了双眼，反而使自己错失了更多天赐的良机。"贪他一斗米，失却半年粮；争他一脚豚，反失一肘羊"，贪小便宜吃大亏的事时常都在发生。一个贪小便宜的人，是不会有什么高远的目标的，更不会将人民的利益放在首位，又怎能希求他能做出什么伟大的事业去泽被后世呢？

常省己身　善恶分明

【原文】

平生只会说人短，何不回头把己量。见善如不及，见恶如探汤。人穷志短，马瘦毛长。

【译文】

一生只会议论别人的缺点，为什么不回头找自身的毛病。见到好人好事唯恐自己做不到，见到坏人坏事就要像把手伸进沸水一样，立即躲开。人穷志气就不高，马瘦毛就显得长了。

【评析】

常言道："见人之过易，见己之过难。"每个人都难免犯错，只是人们往往对自己采取了宽容或视而不见的态度，而对别人则过于认真严苛，完全忘记了"严于律己，宽以待人"的做人准则。因此，当发现他人犯错时，应设身处地为他人着想，以宽容之心予以看待、劝导，使其以后不再犯即可，切勿责之过严，以致对方心生怨恨，那就有违规劝他人的初衷了。而看待自己则应力求严谨，正因为一个人要觉察自己的过失比较困难，因此更应时时谨慎。如此，对自己的品德修养和人格塑造才能益加增进。

"见善如不及，见恶如探汤"，是非分明，明辨善恶自然是好的，但同时也应该见贤思齐、见义勇为。对于善举当然应该虚心学习，对于恶行却不能避之唯恐不及，那样只会使罪恶更加猖獗。生活中人们越来越缺乏与恶势力作斗争的勇气，明哲保身也许暂时能使自己全身而退，但是邪恶却会因此而愈加壮大，将来对人们的威胁也是可想而知的。

求人求己　遇事冷静

【原文】

自家心里急，他人未知忙。贫无达士将金赠，病有高人说药方。触来莫与竞，事过心清凉。

【译文】

家里有事，自己心里焦急不安，别人仍旧会不慌不忙。人穷时不会有人来给你送钱财，但患病时，倒有人来告诉你治病的药方。有人触犯你时，不要在火头上与他争执，等事情过去了，你的心情就会舒畅了。

【评析】

"自家心里急，他人未知忙。"自己的痛只有自己能体会，自己的事不如自己去解决。有这样一个小故事：一天，一个佛教徒走进庙里，跪在观音像前叩拜，他发现身边有一个人也跪在那里，那个人长得和观音一样。于是，他便忍不住问道："你怎么这么像观音啊？""我就是观音。"那个人回答。他很奇怪："既然你是观音，那你为何还要拜呢？""因为我也遇到了一件非常困难的事，"观音笑道，"但我知道，求人不如求己。"很多时候人们希望通过别人的帮助为自己解围，然而别人永远不会像你想的那样能体会到你心中的焦灼和痛苦。

"贫无达士将金赠，病有高人说药方。"别人对你的帮助往往也是有前提和标准的，如果是涉及个人利益的问题，也许人们就不会那么热心了。所以，更多的时候应该从自己身上找出路，自己身上有很多可开发的潜力，为什么不去自己主宰命运，却要祈求别人的怜悯和帮助呢？如果人们都拥有遇事求己的那份坚强和自信，也许每个人就会成为自己的观音。

人各有长　不可貌相

【原文】

秋至满山多秀色，春来无处不花香。凡人不可貌相，海水不可斗量。

【译文】

秋天到时，满山一片秀丽之色，春天来临时，到处一片花香。对所有的人都不能只凭外貌去判断，大海的水也无法用升斗来衡量。

【评析】

"春有百花秋有月，夏有凉风冬有雪。"每一个季节都有自己的特色和风韵，人也是一样，每一个人都有自己的春花秋月，而人们的美好一面却不能像"秋至满山多秀色，春来无处不花香"那样显而易见。一个人的才华往往是蕴藉于胸中的。做人能够秀外慧中当然难能可贵，但是以貌取人的

行为却要不得。伟大蕴藏于平凡之中，其貌不扬的人也许正是那个超尘绝世的世外高人。

　　事物不能只看表面，表面的现象通常会是假象。想当然地做出判断往往吃亏的会是自己。骗子们正是靠人们的直觉和肤浅的认识得逞的。"凡人不可貌相，海水不可斗量"的道理谁都会说，但是却很少能够按照它去做，人们更愿意相信自己的感觉，而感觉是会骗人的。知人善任需要时间和考验作为基础，只看人的表面很难得出正确的结论。无论是对于人们的优点还是缺点，只有通过长时间的接触才能充分掌握和认识，不要急于做出判断。否则对别人是不公平的，心中的好感和成见都会让你戴上有色眼镜，从而看不到别人身上的阴暗面和闪光点。而善恶不辨的人通常都会受到深刻惨痛的教训。

蒿下有兰香　白屋出公卿

【原文】

清清之水为土所防，济济之士为酒所伤。蒿草之下，或有兰香；茅茨之屋，或有侯王。无限朱门生饿莩，几多白屋出公卿。

【译文】

清清的河水被土堤拦挡，众多有才学的人被酒伤身。蒿草的下面可能有芳香的兰花，住在茅屋里的人也能出达官贵人。有许多豪门大户子弟最后成了饿死鬼，有许多平民百姓家中培养出了高官。

【评析】

生活中总有一些事情不能尽如人意。"清清之水为土所防"，但是作为济济之士却没有必要借酒消愁，"茅茨之屋或有侯王"，暂时的际遇并不能决定一生的命运。孟子说过"天将降大任于斯人也，必先苦其心志，劳其筋

骨，饿其体肤，空乏其身"，只有能经受起考验的人才能成为人上之人。而"无限朱门生饿殍，几多白屋出公卿"，不仅是对逆境中奋斗的人们的勉励，也是对生活在幸福中的人们的忠告。

贫穷有贫穷的幸运，富贵有富贵的不幸。贫穷的幸运在于没有负担，人生中得到的永远大于失去；而富贵的不幸在于，富家子弟从一开始就是在背负着财富的包袱赛跑，他们总是不能抛开物质的诱惑。因此，富贵并不是贫穷的对手。成功的人大多是从困乏与需要的学校训练出来的，因为成功本身就是排除困难的结果，不经过艰难挫折的拼搏而要想锻炼出能耐来，是不可能的。富家子弟同贫家儿女相比，就像温室中的幼苗和饱经风霜的松柏一样。所以，朱门生饿殍的事情不足为奇，白屋出公卿也是很自然的事情，成功跟血统和出身没有必然的联系，贫者应自勉，贵者须自励。

人生如梦　前程似漆

【原文】

醉后乾坤大，壶中日月长。万事皆已定，浮生空自忙。千里送毫毛，礼轻仁义重。世事明如镜，前程暗似漆。

【译文】

醉酒以后觉得世界比平时要广大，进到神仙的酒壶里又是另一番天地。许多事情都是命中注定的，人们奔波一生却可能是空忙了

一场。不远千里送一根毫毛，礼物尽管轻，情义却很重。世上的事如镜子一样清楚，但对自己的前途却懵懵无知。

【评析】

本段有些劝导人们及时行乐的意味，万事都是命中注定，一切都身不由己。造化弄人、前途黑暗，不如醉生梦死、无所事事得好。这种观点消极悲观，当然是不可取的。面对人生的灾难，人们当然需要"醉后乾坤大，壶中日月长"的豁达胸襟，但是却不能以此作为生活的方式。对于生活中一些事情自己固然无能为力，但是生活的态度却是可以调整的。

就像在一个故事中所讲的那样，有一位大师经过几十年的潜心苦练，终于练就了一身"移山大法"。有人虔诚地请教："大师以何神力，才得以移山？我如何才能练出如此神功？"大师笑道："练此神功其实很简单，只要掌握一点：山不过来，我就过去。"当然，世上本无移山之术，但现实世界当中却有太多的事情就像大山一样，是自身暂时无法改变的。对于"前程暗似漆"的现实世人也许无能为力，但是人们却可以改变自己的心态和做事的方式，"山不过来，我就过去"，人生的法则有时候就是这么简单。

光阴无限　人伦有常

【原文】

架上碗儿轮流转，媳妇自有做落时。人生一世，如驹过隙。良田万顷，日食三升；大厦千间，夜眠八尺。千经万典，孝悌为先。

【译文】

厨架上的碗碟轮流转用，再年轻的媳妇也有当婆婆的时候。人

活一辈子，就像白驹过隙般转瞬即逝。有万顷良田的人，每天也不过吃三升米；有大厦千间的人，每晚也不过睡八尺的地方。千万种经典讲的都是一个道理，孝顺父母、友爱兄弟应是最先做到的。

【评析】

人情伦常虽然难料，却也脱离不了其内在的规律，人类只是将目光注视在了自己感兴趣的事物上面，从而忽视了本来简单的道理。

"架上碗儿轮流转，媳妇自有做落时。"想来没有人不懂得这个道理，只是人们将还没有发生在自己身上的事情忽略不计了而已。其实只要有人就会有矛盾，婆媳之间并没有什么养育之恩作为牵绊，她们之间更多的是生活方式和物质利益的冲突，无论是生活的节奏，还是思想的模式都存在着分歧。婆媳关系自古以来就是很难处的，然而无论是何种矛盾都不是无法调和的，人若能学会换位思考、将心比心也许就能相互体谅，因为，婆婆也是当过媳妇的，因此对于媳妇不应过于苛责；而媳妇总有一天也会变得老迈，因此对于婆婆应该以"孝悌为先"，尊敬、奉养老人的原则在什么时候都是适用的。

人生有追求固然不错，只是不要贪心才好。"良田万顷，日食三升；大厦千间，夜眠八尺。"人所能享受的只是如此少的一部分，过多的占有只会给自己的身心带来负担。人不是因为拥有的越多才越富有，心中的欲壑总是很难填满的，只有真正理解了知足常乐的含义，你的心灵才会充实起来。

无钱莫告官　做官须读书

【原文】

一字入公门，九牛拔不出。八字衙门向南开，有理无钱莫进来。富从升合起，贫因不算来。家无读书子，官从何处来。

【译文】

一张即使只有一字的状纸被送入衙门，也要身遭讼累，难以脱身。八字形的衙门口朝向南方，有理没钱的人别想在那儿胜诉。财富是一点点积蓄起来的，贫穷是因为不会算计造成的。家中若没有读书的子弟，又怎么能出做官的人呢？

【评析】

在君权时代，除皇帝之外最有权威的恐怕就是"官"了。做官的途径很多，但是对于无权无钱的平民来说读书则是唯一的方法，"家无读书子，官从何处来"，学而优则仕，

科举制度为庶民做官带来了希望和曙光，读书成为平步青云的垫脚石。即使是出身豪门的贵族子弟也是要靠读书来装点门面的。当然

一旦做了官就可以为所欲为、作威作福，至于是不是能够做到为官清廉、造福百姓，那就要看个人的思想和觉悟了。

在封建社会，老百姓作为被压迫的对象是尽量不想同官府打交道的。因为一旦惹上官司就很可能倾家荡产，甚至无故受牢狱之灾。"一字入公门，九牛拔不出。"因此，普通百姓不愿意轻易打官司。至于官司能否胜诉，就要看金钱的魅力了，没有钱的人是打不起官司的。"八字衙门向南开，有理无钱莫进来"，吏治腐败，贪污受贿是官场的普遍现象，真正能为百姓做主的官少之又少，即使为官清廉，也未必就能明察秋毫，皮肉之苦是难免的，耽误时间是必然的，而对于平民百姓来讲耽误时间就等于剥夺他们的生计。因此，古代百姓轻易不打官司，因为打不起。当然，现代人就不必有太多的顾虑，学会拿起法律的武器来保护自己是现代文明的一种标志。

人间私语　暗室亏心

【原文】

万事不由人计较，一生都是命安排。人间私语，天闻若雷。暗室亏心，神目如电。

【译文】

凡事不要太计较，许多事情都是命里安排好的。人们之间的私房话，在上天听来也像雷一样响亮、清晰。在暗室所做的亏心事，

神的眼睛会像电光一样看得清清楚楚。

【评析】

"万事不由人计较，一生都是命安排"是一种宿命论思想，人当然能掌握自己的命运，也能改变自己的命运。但是同时人也应该有自己的信仰，没有信仰，人的思想和行为就没有约束力，当然这种信仰未必就是指神灵佛道这些虚无的东西，它可以是道德、良知和爱，等等。人们的思想只有受到了某种规范才能保持自身行为的正确，才不会做出逾矩的举动。

"人间私语，天闻若雷。暗室亏心，神目如电。"人在私下无人的时候往往容易放纵自己，生活中总是有一些不光彩的行为需要被掩盖。可是我们的行为并不可能是神不知鬼不觉的，中国人常以"四知"来告诫人们不要做出什么越轨行为，它指的是"天知、地知、你知、我知"，既然有人知道就有不稳定的因素存在，就终有大白于天下的一天。你可以欺瞒过别人，却不能欺骗自己的良知，自己的信仰一旦有了动摇就可能导致心理防线的崩溃，最后受煎熬的就是自己的心灵。所以，人不可做亏心事，即使在无人察觉的情况下也不行。人在独处时更应该学会自律、自重。

与人为善　吃亏是福

【原文】

一毫之恶，劝人莫作；一毫之善，与人方便。欺人是祸，饶人是福；天眼昭昭，报应甚速。

【译文】

一丝一毫的坏事，劝人们也不要去做。再微小的好事，也会给

別人带来方便。欺骗别人迟早会有灾祸，宽恕他人早晚会带来幸福。苍天的眼睛十分明亮，报应来得极为神速。

【评析】

善良是一种心理素质，并不是每个人时刻都能保持善良的品质。有的时候人们会经受不住心头杂念的啃食，做出一些令自己心灵蒙尘的事情。不要瞧不起那些不起眼的善行恶举，它可能会改变一个人的命运。

一日，佛祖从花园的井边向下望去，看到生前作恶多端的人正因自己的邪恶饱受地狱之火的煎熬。此时，一个江洋大盗无意间发现了佛祖慈悲的注视，于是他向佛祖呼救。睿智的佛祖发现他虽然作恶多端、十恶不赦，但是却并没有完全泯灭自己的良知，生前曾因自己的一念之慈放过了一只自己差点踩到的蜘蛛，这也是其一生中罕见的善事。于是，佛祖大发慈悲，决定用那只小蜘蛛的力量来救他脱离苦海。很快，一根蜘蛛丝从井口垂了下去。大盗发现后立刻抓住游丝向上爬去。其他恶人看到了也蜂拥而上抓住了游丝，完全不理会大盗的恶声大骂。大盗担心游丝不堪重负，毁了自己脱离苦海的唯一希望，于是便将身后的游丝砍断。结果原本可以承担所有人重量的蜘蛛丝却突然崩断了，大盗的最后一丝良知也被自己斩断了，跌入了万劫不复的地狱。

人们常说："勿以恶小而为之，勿以善小而不为。"小小的善可以拯救一个甚至很多的生命；小小的恶也能摧毁一个人的良知和最后的生机。有时候，生命中最后的一丝希望正是被人类自己的私心和邪恶斩断的。

圣言贤语　心各有见

【原文】

　　圣言贤语，神钦鬼服。人各有心，心各有见。口说不如身逢，耳闻不如目见。养军千日，用在一时。

【译文】

　　圣贤讲的话，连神鬼都钦佩。每个人都有自己的心，每颗心都会有自己的见解。只是嘴里说不如亲身去经历，耳朵听见的不如亲眼所看到的。培养士兵需要很多年，使用士兵却只在一时。

【评析】

　　人的语言具有魔力，不论是生活中的闲言碎语，还是圣者贤人留下的圣言贤语。对于自己所听到的东西，每个人都会有自己的看法，因为人们的思维方式不同，看待问题的角度自然也不同。但是对于圣言贤语，人们往往奉若至理，因为它经过了时间的洗礼，通常遗留下来的都是精华，这些精华对后人的影响是巨大的。然而，并不是每句圣言贤语都是真理，既然时代是发展的，人们的社会生活和生存状态都在发生着翻天覆地的变化，对于圣言贤语也应该以发展的眼光来看待，要想保持它的新鲜就要为其不断注入新的活力。

　　至于那些闲言碎语，人们愿意相信它往往是出于自己的猎奇心理。没有亲见的事物更能激起人们的好奇心。而是非的曲直和事件的原委还是需要人们通过事件去判断的。"口说不如亲逢，耳闻不如目见"，社会上的事情是复杂的，有些事情只听传言不行，要了解事情的真相，必须亲自调查了解一番，人们应该重事实、重实践。当然，也不是所有的事都需要人们亲自去考察和证实，对于一些已经既定的科学成果，人们只要学会运用就可以了，没有必要去浪费时间和精力。

贫富各有忧　公道不饶人

【原文】

国清才子贵，家富小儿娇。利刀割体疮犹合，恶语伤人恨不消。有人堪出众，无衣懒出门。公道世间唯白发，贵人头上不曾饶。

【译文】

国家政治清明，有才学的人就会受到尊重，但家庭富裕了，小孩子就会娇生惯养。利剑割破皮肤，伤口会渐渐愈合，恶毒的语言伤害了人，积下的仇恨却很难消失。有的人相貌出众，但是没有像样的衣服连门也不愿意出。只有衰老是人世间最公道的，即使达官贵人也改变不了。

205

【评析】

人无论贫穷、富贵都有自己烦恼的事情，只是烦恼不同罢了。

"国清才子贵，家富小儿娇"。国家的政治清明，自然藏污纳垢的概率就会小得多，那么贫穷而才高的读书人晋升的机会就会增加。无论古今，国家的发展都离不开人才，能够任人唯贤、唯才是举，是人才们的幸运，更是一个国家的幸运。古人都懂得尊重知识、尊重人才，何况是科学社会发展的今天呢！现代社会人民生活相对富足，这当然是今人的幸运，但是随之带来的社会问题也不容忽视。对于生活安逸中的子女教育问题已经成为社会一大关注的焦点。生活条件的改善为子女的发展提供了更多的空间和机会，然而在富足的生活中，后代的教育便成了一大难题。再加上独生子女家庭的增多，子女成为家长们生活的中心，变得越来越娇贵。而温室中的花朵又怎能经得起社会生活的考验？看来物质的丰富并不能解决所有的问题，吃苦耐劳、艰苦奋斗的精神是不能丢的。

人在贫穷中往往不愿意抛头露面，尤其是相貌出众的人，没有像样的衣服来衬托就没有自信。因为他们信奉"人靠衣装"的教条。当然，生活中人们的确需要得体的穿着为自己的生活增添信心，使自己的生活看起来更有质感。但是如果没有条件也没有必要强求，"贫家净扫地，贫女净梳头，景色虽不艳丽，气度自是风雅"，生活毕竟不是过给别人看的，不凡的气度更能体现一个人的高贵。因此，无论穷富都不要成为自身的困扰，功名利禄终成过眼云烟，人生逃不过生老病死的自然规律，唯有一颗豁达的心胸才能笑看风云、宠辱不惊。

为官须作相　家和万事兴

【原文】

为官须作相，及第早争先。苗从地发，树由枝分。父子亲而家不退，兄弟和而家不分。

【译文】

做官应努力做到宰相，考中科举也要越早越好。禾苗在土地里发芽，大树是由枝干上分权。父子亲近，家道就不会衰退，兄弟和睦相处，家庭就不会分裂。

【评析】

中国人的家族观如同中华文化一样具有传承的传统。在国人心中家族就如同一棵大树，只有开枝散叶才能称为繁茂昌盛，也只有保持一个统一的整体才不会分裂衰落。"父子亲而家不退，兄弟和而家不分"所要表达的就是这个道理。当然，随着社会生活和生产方式的转变，这种大家庭的生活方式已经失去了原有的生存土壤，"分家"已经成为一种新的生活观念，现今的三口之家代替了原来的四世同堂，然而家和万事兴的思想却并不过时，家庭和睦是事业成功的有力保障。

传统的家族观念还体现在家族的荣誉上，古人读书是为做官，做官是为光宗耀祖，当然官做得越大就越能光耀门楣。不过"为官须作相，及第早争先"还有另外更深一层的含义，就是告诫读书人要有远大的志向，莫要蹉跎青春。尽管这志向在现代人看来的确有些肤浅，然而它鼓励人们要努力上进的一面还是可取的。人要取得优异的成绩就要首先具有力争上游的精神和高远的目标，只有具备了坚定的信念和敢为天下先的精神，才能成就辉煌的事业。

太平无事日　养精蓄锐时

【原文】

官有公法，民有私约。闲时不烧香，急时抱佛脚。幸生太平无事日，恐逢年老不多时。国乱思良将，家贫思贤妻。

【译文】

国家有国家的法律，民间有私人之间的契约。在空闲的时候不

做准备，危急的时候却临时抱佛脚寻求帮助。有幸生在太平无事的年月，恐怕没多久就会衰老。国家发生战乱时，才想到有名的将领，家庭贫困时才希望能有个贤惠的妻子。

【评析】

社会生活有一定的法则，不管是国法还是民约，其实都是对人们行为的一种约束。"无规矩不成方圆"这是社会和人类发展的前提，是人类通过几十万年的发展，经历了无数的腥风血雨才总结出来的经验教训。规矩一旦被打破，就会带来动荡和不安。公法也好，私约也罢，其职责都是要维护人民的生活不受侵害。在现代的法制社会，也只有具有法律意识，知法、守法、维护法律的尊严，才能受到法律的保护。

对于一个国家而言，在太平无事之日要做好多事之秋的打算，所谓"生于忧患，死于安乐"，只有平时做好充足准备，才能从容面对重大的变故。不要去做"闲时不烧香，急时抱佛脚"的傻事，因为那是丝毫没有用处的。不在平时养精蓄锐，壮大自己的实力，到了国破家亡、危在旦夕之时才想到临时去找一个岳飞、戚继光出来恐怕是很难办到的。大至国家，小到家庭，道理是一样的。夫妻之间，同享福易，共患难难。家有贤妻，富日子能越过越好，穷日子也能过得安宁、和睦。因此，无论是国家还是家庭都应该在平时打好基础，如此才不会在发生变故时一筹莫展。

深耕足养家　根深不惧风

【原文】

池塘积水须防旱，田土深耕足养家。根深不怕风摇动，树正何愁月影斜。

【译文】

池塘里应提前储水预防干旱，田地应该深耕细作才能养活家

庭。树根扎得深就不用怕狂风，树干长得直就不怕月影倾斜。

【评析】

做人需要为自己做些未雨绸缪的准备，以便防患于未然。天有不测风云，人有旦夕祸福。如果能够在无事时做好有事时的准备，平时打好基础，自然能够潇洒应对突如其来的变化。池塘在雨季积满水就不怕旱季无水灌溉，平时懂得积累财富的人就不会面对变故手足无措。积累和筹备是一个过程，它不是一蹴而就的，需要从现在做起，从点滴做起。参天大树不是成材于一夜之间，而是从种子萌芽，缓慢地成长为枝繁叶茂，深深植根于泥土，根深蒂固方能经受风雨的洗礼而屹立不倒。做人也是如此，人生是一个积累的过程，无论是财富还是知识都是铸就人生的基石。而只要有了正直的品格作为坚实的根基，就不怕来自各方的非议和责难，身正不怕影子斜，外在的东西又怎能轻易动摇一颗坚毅的心？因此，只要勤于积累财富、智慧，善于积累人格、品德，德才兼备自然就能够做到处事泰然、临危不惧。

一字为师　终生感恩

【原文】

　　学在一人之下，用在万人之上。一字为师，终身如父。忘恩负义，禽兽之徒。劝君莫将油炒菜，留与儿孙夜读书。书中自有千钟粟，书中自有颜如玉。

【译文】

　　从一个人那里学到的知识，可以运用在成千上万人的身上。只

要从别人那里获得过点滴知识，就要终身像尊敬父亲那样尊敬他。忘恩负义的人，如同禽兽一般。奉劝父母不要将油用来炒菜，而要留给儿孙们夜间点灯读书。书中有功名利禄，书中有娇妻美妾。

【评析】

此篇讲为学读书，古人将读书当成一种事业，尊师重道是中华民族的传统美德。做人应该懂得感恩，当你从另外一个人那里获得了你不具备的一些知识的时候，即使是一字之师，也应该对别人心存感激，更不要说在你成长过程中悉心教导过自己的老师们了。尊师重师如今更具现实的意义，虽然如今讲究师生平等，提倡以一种朋友的关系去调和师生之间的矛盾，但是，有的时候这种做法反而会放纵学生，甚至对老师不敬。当然其中不排除老师自身的一些原因，但是"严师出高徒"的说法并不完全过时，只有双管齐下才能收到更好的效果。做学生的更要懂得，老师之所以可以成为你的老师，他身上必定有你所不具备的长处和优点，只有虚心受教才能获得真知。

现代人读书已经不需要用油来点灯了，"劝君莫将油炒菜，留与儿孙夜读书"这句话是在告诫父母，要为孩子的将来打算，下一代的教育需要一笔数目不小的资金，为人父母的要有长远的计划，不要因为自己生活的挥霍无度而使孩子没钱读书。作为子女在铭记师恩的同时，也不要忘记父母的养育之恩和良苦用心。刻苦读书、学到真本领就是对他们最好的回报。同时，还要明确自己读书的真正目的，确立人生努力的方向，有了远大的理想才能使前进的步伐更有动力。至于"书中自有千钟粟，书中自有颜如玉"的言论已经过时，不足为信。

乐天知命　莫羡莫怨

【原文】

　　莫怒天来莫怒人，五行八字命生成。莫怨自己穷，穷要穷得干净。莫羡他人富，富要富得清高。别人骑马我骑驴，仔细思量我不如，等我回头看，还有挑脚汉。

【译文】

不要去怨天尤人，每个人的遭遇与命运都是上天注定。不要埋怨自己贫穷，穷要穷得清清白白；不要羡慕他人富有，富要富得纯洁高尚。别人骑马我骑驴，仔细想想我是比不上人家，但当我回过头来看看后面，原来还有不如我的徒步挑担之人。

【评析】

此篇教人们应该学会乐天知命，虽然有些宿命论的消极因素在里面，同时也不乏阿Q精神，但是更多的却是一种对人生的旷达心态。

人们是应该有追求，但是也不要贪得无厌。常言道"人心不足蛇吞象"，贪乃人性之一大痼疾，源于人对物质的强烈占有欲。人的欲望有如无底洞，"分金恨不得玉，封公怨不受侯"，这似乎是人的通性，只有少数胸襟豁达的人才能领略知足常乐之理。其实，山珍海味和粗茶淡饭一样都能让人吃饱，穿粗布棉袍和狐袄貂裘也同样能让人保暖，只要基本的生活需求可以满足就已足够，又何苦得寸进尺。人的能力有限，而欲望无穷，如何能争得万物呢？一个乐天知命的人，会懂得繁华到头终是空的道理，所以无论是住在高楼大厦还是简陋茅屋，对他来说都只是形式的不同，而无实质上的差别。如果贪得无厌，即使拥有金屋也仍是欲求不满。

当然，贫穷和富有其实都并不可怕，穷要穷得有气节，富要富得有道德，但无论穷富都要学会享受生活。享受生活的关键是懂得知足，知足的人着眼于自己所拥有的事物，并善加利用且珍惜它；不知足的人则在意自己所欠缺的事物而执意强求，结果非但未必能获得，还可能失去原本所拥有的。知足、懂得享受人生乐趣的人，才能拥有快乐的人生。

心存善念 福及子孙

【原文】

路上有饥人，家中有剩饭。积德与儿孙，要广行方便。作善鬼神钦，作恶遭天谴。积钱积谷不如积德，买田买地不如买书。

【译文】

路上有饥饿的乞讨之人，家里有剩余的饭菜。不如拿来积德行善，将食物送给他们，行些方便。做善事能使鬼神钦敬，做坏事必

会遭到老天的惩处。积攒钱粮不如多做善事广积阴德，买田置地不如多买书籍。

【评析】

中国人提倡积德行善，认为善恶有报，"作善鬼神钦，作恶遭天谴"，善良的人会得到神佛的眷顾，罪恶的人会受到上天的惩罚。同时行善会为儿孙积福。虽然这些观点里面不乏一些宿命论的成分，但是总的指导思想还是可取的，并且也能从生活中得到一些印证。

说到善恶到头终有报，这种思想也是不无道理的。一个心地善良的人，他在生活中通过一点一滴的善行在人们心目中逐渐树立起一种高大慈悲的形象，无论是否受过他恩惠的人，在他需要帮助之时都自然会伸出援助之手，能够在危难之中逢凶化吉也并不奇怪。同时，一个真正善良的人，他的心中往往是满腔和气，暴戾之气很容易轻松化解，试问一个内心和平、处世泰然的人又怎么可能不健康长寿呢？同样，一个作恶多端的人，身边树敌自然就多，即使没有受到法律制裁，也会受到敌人的报复，就算没有受到敌人报复，也终有一天被自己的灵魂出卖，总之是不会有好结果的。

至于说到行善能为儿孙积福，也不是没有依据的。中国人重视家族、家教和家风的传统，家教的高低和家风的好坏对个人的一生有至关重要的影响。生活在心地善良、讲究礼义、重视文化的家庭，在日常的生活中必然会受到身教和言教的双重教导，家长的善行良举必然会对儿女起到耳濡目染、潜移默化的作用。于是，家庭上下，良言善举蔚然成风。善根代代相传，儿孙自然能够享受到心存善念带来的益处，因此，福及子孙的说法并不迷信，而是一种美德的传承。

勤俭满仓　财利分清

【原文】

一日春工十日粮，十日春工半年粮。疏懒人没吃，勤俭粮满仓。人亲财不亲，财利要分清。

【译文】

春耕至关重要，一天的春耕能多收可供十天的粮食，十天春耕

能多收可供半年的粮食。人如果懒散就会缺吃少穿，如果勤俭就会钱粮满仓。亲人虽亲但钱财不亲，因此即使是亲人之间钱财利益也要分清楚。

【评析】

人们常说"一分耕耘，一分收获"，想要收获成果就要先播种耕作。"人勤地不懒"，懒惰之人的土地是荒芜的，荒芜的土地收获不了粮食，挨饿是必然的；而以勤俭持家的人往往能抓住春耕的最好时机，从播种到施肥，从除虫到灭草，每一个环节都尽心尽力，辛勤的汗水自然会获得丰厚的回报。不仅是种地，做其他事情也是一样，成功并非轻而易举之事，没有一点勤奋的精神是不行的。另外，抓住时机也十分重要。一个人其实就如同一片田地，少年时代的学习就是播种灌溉，青年时代的奋斗就是灭草除虫，中老年时期的事业有成就是秋季的收获。"一日春工十日粮，十日春工半年粮"，耕种的时机是至关重要的，如果错过了春耕的最佳时机，那么收获就会大打折扣，因此能否抓紧自己的青少年时期至关重要，只有在这时打好基础才能在将来收获更多的果实。

"人亲财不亲，财利要分清"，人有情，钱无义。对于钱财的问题不应该看得太重，但是也要分得很清。"亲兄弟，明算账"，亲人之间也是一种社会关系，正是因为多了一条血缘纽带，使得它比其他的社会关系要紧密得多，也复杂得多。钱财的介入可能把原本复杂的关系搅得更乱，因为钱财伤害骨肉亲情的事屡见不鲜。因此，若想关系和睦，钱财上还是分清得好。

君子自安乐　聪明糊涂心

【原文】

十分伶俐使七分，常留三分与儿孙。若要十分都使尽，远在儿孙近在身。君子乐得做君子，小人枉自做小人。

【译文】

十分的聪明只要用上七分就可以了，剩下三分留给子孙。如果要将十分聪明全都使出来，反而会适得其反，近的害了自己，远的害了儿孙。高尚者以高尚为乐，卑鄙者自甘卑鄙。

【评析】

中国人有句话叫"聪明反被聪明误"，人如果太聪明了，时刻都不忘算计，什么事情都不肯让步，做事不留余地，生怕自己吃一

点亏，机关算尽，终有一天会掉进自己的机关，吃亏的是自己，连累的是子孙。因此，无论什么事情都不要做得太绝，否则自己也会失去退路。做人"难得糊涂"，糊涂有时候也是一种智慧的表现，它是聪明的更高境界。真正聪明的人会经常适当地让自己糊涂一下，事事都精明的人每天都要动用大量的精力去处心积虑，而人的精力是有限的，耗费在脑力劳动上的过多，身体自然会透支，因此聪明人早夭，"天妒英才"其实往往都是自己招的，与老天没有必然的关系。

　　真正的智者君子既能够明察秋毫，又懂得适可而止，既能够善待自己又懂得善待他人。正因为他们有一颗聪明糊涂心，能够大事清楚小事糊涂，才使自己的事业稳步发展、修养日益高深、生活轻

松自在。想要获得既有智慧又有质量的人生，就要懂得让自己的身心劳逸结合。至于那些斤斤计较、只会在个人利益上耍些小聪明的人，当然人人敬而远之，能贪小便宜，却不会有大发展。

好学者成才　不教者无术

【原文】

好学者则庶民之子为公卿，不好学者则公卿之子为庶民。惜钱莫教子，护短莫从师。记得旧文章，便是新举子。

【译文】

爱学习的人即使是平民之子，也可以做大官；不爱学习的人即

便是官宦子弟，日后也会落魄成为平民。吝惜钱财就不要教育子女，袒护缺点就不要从师学习。记得住过去圣贤们的文章，就能够考取今天的举人。

【评析】

学习是通往成功之门的金钥匙，无论有什么样的宏图大志，也不管以后会从事什么样的职业，都要从眼前做起，从学习中获得真知。财富固然可以继承，但是财富却有用尽的一天；知识不能遗传，但是知识可以受用终身。一个人的出身也许会为他的事业和前途带来很大的影响。出生在一个富贵之家的确可能会使你的事业顺利起航，但是一个没有真才实学的人如同一个不懂技术的舵手，经不起狂风巨浪的考验，所继承的财富也许正是让自己葬身的罪魁祸首。而一个根基扎实的舵手即使没有豪华的游轮，没有金钱的护航，只凭一叶扁舟和坚强毅力照样能够到达理想彼岸。可见，学习是至关重要的。

因此，父母在教育孩子方面不要舍不得投入，目光短浅的父母只看到眼前利益，却忽略了子女的长远发展。同时，教育子女，为人父母往往容易护短，因为儿女是父母的杰作，孩子总是自己的好，批评自己的孩子比批评自己往往更加令人难受。但是，玉不琢，不成器，总是生活在父母羽翼保护下的小鸟同样不能展翅高飞。若想让孩子在身体、智力和心理上都健康发展，就不能包庇、袒护他们的缺点。

问心无愧　和气迎人

【原文】

人在家中坐，祸从天上落。但求心无愧，不怕有后灾。只有和气去迎人，那有相打得太平？

【译文】

足不出户端坐家中，大祸却从天而降。只要问心无愧，就不怕日后招来灾祸。只有待人和气才能生活和美安宁，怎么可能在经常吵闹打骂中过上太平日子？

【评析】

常言道"祸福无常，唯人自招"，荣辱祸福并不会无缘无故加诸在任何人身上，大多都是世人自己招致的。当然，"人在家中坐，祸从天上落"的偶然事件也并不是完全没有可能，毕竟"天有不测风云，人有旦夕祸福"。但是，一般来说，任何事情都是事出有因的，灾难也不会无缘无故降临到一个人的头上。面对突如其来的灾祸不必惊慌，追本溯源找出症结的所在，并从容地解决才是明智之举。如果平时没有做过什么昧良心的事，就更加不必惊慌失措，自己问心无愧就不怕面对考验。

人的祸福也跟一个人的心境和为人处世有莫大的关联，所谓"福不可徼，养喜神，以为招福之本而已；祸不可避，去杀机，以为远祸之方而已"。就是说福分无法祈求得来，只有常保喜乐、满腔和气，才是获得幸福的根本；灾祸无法避免，只有消除杀机、心无怨恨，才是远离灾祸的方法。想要获得太平安宁的日子，首先需要保持一颗祥和宁静的心态，只有心境平和的人才能避免与人发生争执，没有了争执，生活自然安宁。

善恶有报　修身种德

【原文】

忠厚自有忠厚报，豪强一定受官刑。人到公门正好修，留些阴德在后头。

【译文】

忠厚老实的人自然会得到好的报应，横行霸道的人必定会受到法律的制裁。人做了官正好可以修炼自己，为日后积些阴德。

【评析】

"忠厚自有忠厚报，豪强一定受官刑"，忠厚善良的人，不欺人、不昧心，做人老实、做事踏实，安守本分、不生祸端，自然能保全自己，安度此生；而横行霸道的人，欺男霸女、作恶多端、损人利己、祸害乡里，惹得怨声载道，虽然得一时之意，却终要受到法律的制裁。善恶有报，虽然善与恶有时不是马上可以见到结果，但是"多行不义必自毙"是肯定的。忠厚的人做善事不求回报，但每件善事犹如种子一般落入人的心里，伺机便会发芽；同样，天网恢恢，恶人也终难逃脱法网人情的制裁。

修身种德，是世人都应去做的，而身在公门，身负公务的人更应如此。官场是一个利益争夺最为激烈的地方，处处充满着诱惑，更是一个大染缸，想要出淤泥而不染，需要有很强的定力。但是有弊就有利，人生需要修炼才能达到一个更高的境界，而"人到公门正好修"就是指此。品德的修养是人生的基础，决定了一个人是善是恶、是美是丑。一个品行不端的人，很难在事业上有所成就，即使可能荣耀一时，但终究会因贪赃枉法、误国误民而锒铛入狱，爬得越高摔得越重。只有德才兼备才能大展宏图，也只有修身种德才能安享天年。

心比天高　贪得无厌

【原文】

　　为人何必争高下，一旦无命万事休。山高不算高，人心比天高，白水变酒卖，还嫌猪无糟。

【译文】

　　做人何苦非要争个高低上下，一旦丢掉性命就什么都没有了。山再高也不能算高，因为人心比天还高，将白水当成酒卖给别人，

还埋怨自家猪没有酒糟吃。

【评析】

此段充分体现了什么叫作"人心不足蛇吞象"，唯利是图者贪得无厌的嘴脸跃然纸上。人活一世不足百年却非要在你争我夺中度过，无论是功名、利益、荣誉，甚至只是一口气，胜负的结果又能怎样，人到了入土盖棺之时还不是一样也带不走？至于贪心不足的人根本只是在算计中耗尽了一生，损人不利己，亏心事做多了夜里真的能睡得安稳吗？"白水变酒卖，还嫌猪无糟"是应该可笑还是可悲？做人为了争名、争利、争气耗费了多少青春？处心积虑的结果不过是来也空空去也空空。

因此，做人要想活得轻松快乐一些，就要宽容洒脱一些。心比天高的结果，往往会落得命比纸薄。人心少一分贪念才能多一分自由，贪图的越多身上所要背负的东西就越重，其中包括钱财，也包括世人的指责和心理的负担。凡事不如看开一些，放下一些，人生才能自在一些。

贫寒休怨　祸福自招

【原文】

贫寒休要怨，富贵不须骄。善恶随人作，祸福自己招。奉劝君子，各宜守己；只此呈示，万无一失。

【译文】

贫寒不要怨天尤人，富贵也不要骄纵狂妄。好事坏事都随人去做，不管祸福都是自己招来的。奉劝各位有才德的人，各自坚守本分。只要按照以上的准则行事，就不会有闪失。

【评析】

"贫寒休要怨，富贵不须骄"，是告诫人们无论身处富贵还是贫寒都要保持一颗平常心。贫穷时不要怨天尤人，正所谓"横逆困穷，是锻炼豪杰的一副炉锤。能受其锻炼，则身心交益；不受其锻炼，则身心交损"，只有经得起贫穷考验的人才能获得更大的成功；富贵后也不要骄奢淫逸、得意忘形，胸中的欲火不灭、贪得无厌，最终会引火自焚。因此，贫寒考验人是否具备不向命运低头的勇气；富贵则考验人是否意志坚定，不因富贵腾达而蒙蔽本心。时刻保持平和的心态无论对贫者还是富翁都是一剂良药，"天薄我以福，吾厚吾德以迓之；天劳我以形，吾逸吾心以补之；天厄我以遇，吾亨吾道以通之。天且奈我何哉？"若能拥有如此胸襟，则无论贫穷富贵都于己无碍，无论祸福都能潇洒应对。

到此为止，增广贤文已经将它的人生法则全部摆在了世人面前。有心之人自然能够领会其中的机宜。作为一篇文字浅近却寓意深远的通俗读物，它把对人生的理解和处世的本分悉数教给了人们，只要人们能够汲取其中的精华，并能为我所用，相信一定能够在日常工作、生活中受益良多。

附录1 《增广贤文》全文

昔时贤文，诲汝谆谆。集韵增广，多见多闻。

观今宜鉴古，无古不成今。

知己知彼，将心比心。

酒逢知己饮，诗向会人吟。相识满天下，知心能几人？

相逢好似初相识，到老终无怨恨心。

近水知鱼性，近山识鸟音。易涨易退山溪水，易反易复小人心。

运去金成铁，时来铁似金。读书须用意，一字值千金。

逢人且说三分话，未可全抛一片心。有意栽花花不发，无心插柳柳成荫。

画虎画皮难画骨，知人知面不知心。钱财如粪土，仁义值千金。

流水下滩非有意，白云出岫本无心。

当时若不登高望，谁信东流海洋深。

路遥知马力，事久见人心。

马行无力皆因瘦，人不风流只为贫。

饶人不是痴汉，痴汉不会饶人。

是亲不是亲，非亲却是亲。美不美，乡中水；亲不亲，故乡人。

相逢不饮空归去，洞口桃花也笑人。

为人莫作亏心事，半夜敲门心不惊。

两人一般心，有钱堪买金。一人一般心，无钱堪买针。

莺花犹怕春光老，岂可教人枉度春。

红粉佳人休使老，风流浪子莫教贫。

黄金无假，阿魏无真。客来主不顾，应恐是痴人。

贫居闹市无人识，富在深山有远亲。

谁人背后无人说，哪个人前不说人。

有钱道真语，无钱语不真；不信但看筵中酒，杯杯先敬有钱人。

闹里有钱，静处安身。来如风雨，去似微尘。

长江后浪推前浪，世上新人赶旧人。

近水楼台先得月，向阳花木早逢春。

古人不见今时月，今月曾经照古人。

先到为君，后到为臣。

莫道君行早，更有早行人。莫信直中直，须防仁不仁。

山中有直树，世上无直人。

自恨枝无叶，莫怨太阳倾。大家都是命，半点不由人。

一年之计在于春，一日之计在于寅，一家之计在于和，一生之计在于勤。

责人之心责己，恕己之心恕人。守口如瓶，防意如城。

宁可人负我，切莫我负人。再三须重事，第一莫欺心。

虎生犹可近，人毒不堪亲。来说是非者，便是是非人。

远水难救近火，远亲不如近邻。有茶有酒多兄弟，急难何曾见一人。

人情似纸张张薄，世事如棋局局新。

山中自有千年树，世上难逢百岁人。

力微休负重，言轻莫劝人。无钱休入众，遭难莫寻亲。

平生莫作皱眉事，世上应无切齿人。

士者国之宝，儒为席上珍。

若要断酒法，醒眼看醉人。

求人须求大丈夫，济人须济急时无。

渴时一滴如甘露，醉后添杯不如无。

久住令人贱，频来亲也疏。酒中不语真君子，财上分明大丈夫。

积金千两，不如明解经书。

养子不教如养驴，养女不教如养猪。

有田不耕仓廪虚，有书不读子孙愚，仓廪虚兮岁月乏，子孙愚兮礼义疏。

同君一席话，胜读十年书。人不通今古，马牛如襟裾。

茫茫四海人无数，哪个男儿是丈夫！

美酒酿成缘好客，黄金散尽为收书。

救人一命，胜造七级浮屠。城门失火，殃及池鱼。

庭前生瑞草，好事不如无。欲求生富贵，须下死工夫。

百年成之不足，一旦败之有余。

人心似铁，官法如炉。

善化不足，恶化有余。

水太清则无鱼，人太察则无谋。知者减半，愚者全无。

在家由父，出嫁从夫。痴人畏妇，贤女敬夫。

是非终日有，不听自然无。

宁可正而不足，不可邪而有余。宁可信其有，不可信其无。

竹篱茅舍风光好，僧院道房总不如。

命里有时终须有，命里无时莫强求。

道院迎仙客，书堂隐相儒。庭栽栖凤竹，池养化龙鱼。

结交须胜己，似我不如无。但看三五日，相见不如初。

人情似水分高下，世事如云任卷舒。会说说都市，不会说说屋里。

磨刀恨不利，刀利伤人指。求财恨不多，财多害人子。

知足常足，终身不辱。知止常止，终身不耻。

有福伤财，无福伤己。差之毫厘，失之千里。

若登高必自卑，若涉远必自迩。三思而行，再思可矣。

使口不如自走，求人不如求己。

小时是兄弟，长大各乡里。嫉财莫嫉食，怨生莫怨死。

人见白头嗔，我见白头喜。多少少年亡，不到白头死。

墙有缝，壁有耳。好事不出门，恶事传千里。

贼是小人，智过君子。君子固穷，小人穷斯滥矣。

贫穷自在，富贵多忧。不以我为德，反以我为仇。

宁可直中取，不向曲中求。

人无远虑，必有近忧。

知我者谓我心忧，不知我者谓我何求。

晴天不肯去，直待雨淋头。成事莫说，覆水难收。

是非只为多开口，烦恼皆因强出头。

忍得一时之气，免得百日之忧。近来学得乌龟法，得缩头时且缩头。

惧法朝朝乐，欺公日日忧。

人生一世，草生一春。

黑发不知勤学早，转眼便是白头翁。

月过十五光明少，人到中年万事休。

儿孙自有儿孙福，莫为儿孙作马牛。

人生不满百，常怀千岁忧。

今朝有酒今朝醉，明日愁来明日忧。

路逢险处须回避，事到头来不自由。药能医假病，酒不解真愁。

人贫不语，水平不流。一家养女百家求，一马不行百马忧。

有花方酌酒，无月不登楼。三杯通大道，一醉解千愁。

深山毕竟藏猛虎，大海终须纳细流。

惜花须检点，爱月不梳头。大抵选他肌骨好，不搽红粉也风流。

受恩深处宜先退，得意浓时便可休。

莫待是非来入耳，从前恩爱反成仇。

留得五湖明月在，不愁无处下金钩。

休别有鱼处，莫恋浅滩头。

去时终须去，再三留不住。

忍一句，息一怒；饶一着，退一步。

三十不豪，四十不富，五十临近寻死路。

生不认魂，死不认尸。一寸光阴一寸金，寸金难买寸光阴。

父母恩深终有别，夫妻义重也分离。

人生似鸟同林宿，大限来时各自飞。

人善被人欺，马善被人骑。人无横财不富，马无夜草不肥。

人恶人怕天不怕，人善人欺天不欺。善恶到头终有报，只争来早与来迟。

黄河尚有澄清日，岂可人无得运时？

得宠思辱，安居虑危。念念有如临敌日，心心常似过桥时。

英雄行险道，富贵似花枝。人情莫道春光好，只怕秋来有冷时。

送君千里，终须一别。

但将冷眼看螃蟹，看你横行到几时。

见事莫说，问事不知。闲事莫管，无事早归。

假缎染就真红色，也被旁人说是非。

善事可作，恶事莫为。许人一物，千金不移。

龙生龙子，虎生虎儿。龙游浅水遭虾戏，虎落平阳被犬欺。

一举首登龙虎榜，十年身到凤凰池。

十年窗下无人问，一举成名天下知。

酒债寻常行处有，人生七十古来稀。

养儿防老，积谷防饥。当家才知盐米贵，养子方知父母恩。

常将有日思无日，莫把无时当有时。

时来风送滕王阁，运去雷轰荐福碑。

入门休问荣枯事，观看容颜便得知。

官清书吏瘦，神灵庙祝肥。

息却雷霆之怒，罢却虎狼之威。

饶人算之本，输人算之机。好言难得，恶语易施。

一言既出，驷马难追。

道吾好者是吾贼，道吾恶者是吾师。

路逢险处须当避，不是才人莫献诗。

三人行，必有我师焉。择其善者而从之，其不善者而改之。

欲昌和顺须为善，要振家声在读书。

少壮不努力，老大徒伤悲。人有善愿，天必佑之。

莫吃卯时酒，昏昏醉到酉。莫骂酉时妻，一夜受孤凄。

种麻得麻，种豆得豆。天网恢恢，疏而不漏。

见官莫向前，做客莫向后。宁添一斗，莫添一口。

螳螂捕蝉，岂知黄雀在后。不求金玉重重贵，但愿儿孙个个贤。

一日夫妻，百世姻缘。百世修来同船渡，千世修来共枕眠。

杀人一万，自损三千。伤人一语，利如刀割。

枯木逢春犹再发，人无两度再少年。未晚先投宿，鸡鸣早看天。

将相顶头堪走马，公侯肚里好撑船。富人思来年，贫人思眼前。

世上若要人情好，赊去物件莫取钱。死生有命，富贵在天。

击石原有火，不击乃无烟。人学始知道，不学亦枉然。

莫笑他人老，终须还到老。和得邻里好，犹如拾片宝。但能依本分，终须无烦恼。

大家做事寻常，小家做事慌张。大家礼义教子弟，小家凶恶训儿郎。

君子爱财，取之有道。贞妇爱色，纳之以礼。

善有善报，恶有恶报；不是不报，日子未到。

万恶淫为首，百行孝当先。

人而无信，不知其可也。一人道虚，千人传实。

凡事要好，须问三老。若争小可，便失大道。

家中不和邻里欺，邻里不和说是非。

年年防饥，夜夜防盗。好学者如禾如稻，不学者如蒿如草。

遇饮酒时须饮酒，得高歌处且高歌。

因风吹火，用力不多。不因渔夫引，怎得见波涛。

无求到处人情好，不饮从他酒价高。

知事少时烦恼少，识人多处是非多。

世间好语书说尽，天下名山僧占多。

入山不怕伤人虎，只怕人情两面刀。

强中自有强中手，恶人终受恶人磨。

会使不在家豪富，风流不用着衣多。

光阴似箭，日月如梭。天时不如地利，地利不如人和。

黄金未为贵，安乐值钱多。

万般皆下品，唯有读书高。

为善最乐，为恶难逃。

羊有跪乳之恩，鸦有反哺之义。

孝顺还生孝顺子，忤逆还生忤逆儿。不信但看檐前水，点点滴滴旧窝池。隐恶扬善，执其两端。妻贤夫祸少，子孝父心宽。

人生知足何时足，到老偷闲且自闲。

处处绿杨堪系马，家家有路通长安。

既坠釜甑，反顾无益？已覆之水，收之实难。

见者易，学者难。莫将容易得，便作等闲看。

用心计较般般错，退步思量事事宽。道路各别，养家一般。

从俭入奢易，从奢入俭难。知音说与知音听，不是知音莫与谈。

点石化为金，人心犹未足。信了肚，卖了屋。

谁人不爱子孙贤，谁人不爱千钟粟？奈五行不是这般题目。

莫把真心空计较，儿孙自有儿孙富。

天下无不是的父母，世上最难得者兄弟。

与人不和，劝人养鹅；与人不睦，劝人架屋。

但行好事，莫问前程。不交僧道，便是好人。

河狭水激，人急计生。明知山有虎，莫向虎山行。

路不行不到，事不为不成。人不劝不善，钟不敲不鸣。

无钱方断酒，临老始看经。点塔七层，不如暗处一灯。

堂上二老是活佛，何用灵山朝世尊。

万事劝人休瞒昧，举头三尺有神明。

但存方寸地，留与子孙耕。

灭却心头火，剔起佛前灯。

惺惺常不足，蒙蒙作公卿。众星朗朗，不如孤月独明。

兄弟相害，不如友生。

合理可作，小利莫争。

牡丹花好空入目，枣花虽小结实成。

欺老莫欺少，欺人心不明。随分耕锄收地利，他时饱暖谢苍天。

得忍且忍，得耐且耐；不忍不耐，小事成大。

相论逞英雄，家计渐渐退。贤妇令夫贵，恶妇令夫败。

一人有庆，兆民咸赖。人老心未老，人穷志未穷。人无千日好，花无百日红。

杀人可恕，情理难容。

乍富不知新受用，乍贫难改旧家风。

座上客常满，杯中酒不空。屋漏更遭连夜雨，行船又遇打头风。

笋因落箨方成竹，鱼为奔波始化龙。

曾记少年骑竹马，看看又是白头翁。

礼义生于富足，盗贼出于赌博。天上众星皆拱北，世间无水不朝东。

君子安贫，达人知命。

良药苦口利于病，忠言逆耳利于行。

顺天者存，逆天者亡。人为财死，鸟为食亡。

242

夫妻相和好，琴瑟与笙簧。

有儿贫不久，无子富不长。

善必寿考，恶必早亡。爽口食多偏作病，快心事过恐生殃。

富贵定要依本分，贫穷不必枉思量。

画水无风空作浪，绣花虽好不闻香。

贪他一斗米，失却半年粮；争他一脚豚，反失一肘羊。

龙归晚洞云犹湿，麝过春山草木香。

平生只会说人短，何不回头把己量。

见善如不及，见恶如探汤。人穷志短，马瘦毛长。

自家心里急，他人未知忙。

贫无达士将金赠，病有高人说药方。

触来莫与竞，事过心清凉。

秋至满山多秀色，春来无处不花香。

凡人不可貌相，海水不可斗量。

清清之水为土所防，济济之士为酒所伤。

蒿草之下，或有兰香；茅茨之屋，或有侯王。

无限朱门生饿殍，几多白屋出公卿。

醉后乾坤大，壶中日月长。万事皆已定，浮生空自忙。

千里送毫毛，礼轻仁义重。世事明如镜，前程暗似漆。

架上碗儿轮流转，媳妇自有做落时。人生一世，如驹过隙。

良田万顷，日食三升；大厦千间，夜眠八尺。千经万典，孝悌为先。

一字入公门，九牛拔不出。八字衙门向南开，有理无钱莫进来。

富从升合起，贫因不算来。家无读书子，官从何处来。

万事不由人计较，一生都是命安排。

人间私语，天闻若雷；暗室亏心，神目如电。

一毫之恶，劝人莫作；一毫之善，与人方便。

欺人是祸，饶人是福；天眼昭昭，报应甚速。

圣言贤语，神钦鬼服。人各有心，心各有见。

口说不如身逢，耳闻不如目见。

养军千日，用在一时。

国清才子贵，家富小儿娇。

利刀割体疮犹合，恶语伤人恨不消。

有人堪出众，无衣懒出门。

公道世间唯白发，贵人头上不曾饶。

为官须作相，及第早争先。

苗从地发，树向枝分。父子亲而家不退，兄弟和而家不分。

官有公法，民有私约。闲时不烧香，急时抱佛脚。

幸生太平无事日，恐逢年老不多时。国乱思良将，家贫思贤妻。

池塘积水须防旱，田地深耕足养家。根深不怕风摇动，树正何愁月影斜。

学在一人之下，用在万人之上。一字为师，终身如父。忘恩负义，禽兽之徒。

劝君莫将油炒菜，留与儿孙夜读书。书中自有千钟粟，书中自有颜如玉。

莫怒天来莫怒人，五行八字命生成。莫怨自己穷，穷要穷得干净。

莫羡他人富，富要富得清高。别人骑马我骑驴，仔细思量我不如，等我回头看，还有挑脚汉。

路上有饥人，家中有剩饭。积德与儿孙，要广行方便。

作善鬼神钦，作恶遭天谴。积钱积谷不如积德，买田买地不如买书。

一日春工十日粮，十日春工半年粮。

疏懒人没吃，勤俭粮满仓。人亲财不亲，财利要分清。

十分伶俐使七分，常留三分与儿孙。若要十分都使尽，远在儿孙近在身。

君子乐得做君子，小人枉自做小人。

好学者则庶民之子为公卿，不好学者则公卿之子为庶民。

惜钱莫教子，护短莫从师。记得旧文章，便是新举子。

人在家中坐，祸从天上落。但求心无愧，不怕有后灾。

只有和气去迎人，那有相打得太平？

忠厚自有忠厚报，豪强一定受官刑。人到公门正好修，留些阴德在后头。

为人何必争高下，一旦无命万事休。

山高不算高，人心比天高；白水变酒卖，还嫌猪无糟。

贫寒休要怨，富贵不须骄。善恶随人作，祸福自己招。

奉劝君子，各宜守己；只此呈示，万无一失。

附录2 《孝经》全文

曾 子

开宗明义章第一

仲尼居，曾子侍。

子曰："先王有至德要道，以顺天下，民用和睦，上下无怨。汝知之乎？"

曾子避席曰："参不敏，何足以知之？"

子曰："夫孝，德之本也，教之所由生也。复坐，吾语汝。身体发肤，受之父母，不敢毁伤，孝之始也。立身行道，扬名于后世，以显父母，孝之终也。夫孝，始于事亲，中于事君，终于立身。《大雅》云：'无念尔祖，聿修厥德。'"

天子章第二

子曰："爱亲者不敢恶于人，敬亲者不敢慢于人。爱敬尽于事亲，而德教加于百姓，刑于四海。盖天子之孝也。《甫刑》云：'一人有庆，兆民赖之。'"

诸侯章第三

在上不骄，高而不危；制节谨度，满而不溢。高而不危，所以长守贵也；满而不溢，所以长守富也。

富贵不离其身，然后能保其社稷而和其民人。盖诸侯之孝也。

《诗》云："战战兢兢，如临深渊，如履薄冰。"

卿大夫章第四

非先王之法服不敢服，非先王之法言不敢道，非先王之德行不敢行。是故非法不言，非道不行。

口无择言，身无择行，言满天下无口过，行满天下无怨恶。

三者备矣，然后能守其宗庙。盖卿大夫之孝也。

《诗》云："夙夜匪懈，以事一人。"

士章第五

资于事父以事母而爱同，资于事父以事君而敬同。故母取其爱而君取其敬，兼之者父也。

故以孝事君则忠，以敬事长则顺。忠顺不失，以事其上，然后能保其禄位而守其祭祀。盖士之孝也。

《诗》云："夙兴夜寐，无忝尔所生。"

庶人章第六

用天之道，分地之利，谨身节用，以养父母。此庶人之孝也。
故自天子至于庶人，孝无终始，而患不及者，未之有也。

三才章第七

曾子曰："甚哉！孝之大也。"

子曰："夫孝，天之经也，地之义也，民之行也。天地之经而
民是则之，则天之明，因地之利，以顺天下。是以其教不肃而成，
其政不严而治。先王见教之可以化民也，是故先之以博爱，而民莫
遗其亲；陈之于德义，而民兴行；先之以敬让，而民不争；导之以
礼乐，而民和睦；示之以好恶，而民知禁。《诗》云：'赫赫师尹，
民具尔瞻。'"

孝治章第八

子曰："昔者，明王之以孝治天下也，不敢遗小国之臣，而况
于公、侯、伯、子、男乎？故得万国之欢心，以事其先王。治国
者，不敢侮于鳏寡，而况于士民乎？故得百姓之欢心，以事其先
君。治家者，不敢失于臣妾，而况于妻子乎？故得人之欢心，以事
其亲。夫然，故生则亲安之，祭则鬼享之。是以天下和平，灾害不
生，祸乱不作。故明王之以孝治天下也如此。《诗》云：'有觉德
行，四国顺之。'"

圣治章第九

曾子曰："敢问圣人之德，无以加于孝乎？"子曰："天地之性，人为贵。人之行，莫大于孝。孝莫大于严父，严父莫大于配天，则周公其人也。昔者，周公郊祀后稷以配天；宗祀文王于明堂，以配上帝。是以四海之内，各以其职来、祭。夫圣人之德，又何以加于孝乎？故亲生之膝下，以养父母日严。圣人因严以教敬，因亲以教爱。圣人之教，不肃而成，其政不严而治，其所因者本也。父子之道，天性也，君臣之义也。父母生之，续莫大焉。君亲临之，厚莫重焉。故不爱其亲而爱他人者，谓之悖德；不敬其亲而敬他人者，谓之悖礼。以顺则逆，民无则焉。不在于善，而皆在于凶德，虽得之，君子不贵也。君子则不然，言思可道，行思可乐，德义可尊，作事可法，容止可观，进退可度，以临其民。是以其民畏而爱之，则而象之。故能成其德教，而行其政令。《诗》云：'淑人君子，其仪不忒。'"

纪孝行章第十

子曰："孝子之事亲也，居则致其敬，养则致其乐，病则致其忧，丧则致其哀，祭则致其严。五者备矣，然后能事亲。事亲者，居上不骄，为下不乱，在丑不争。居上而骄则亡，为下而乱则刑，在丑而争则兵。三者不除，虽日用三牲之养，犹为不孝也。"

五刑章第十一

子曰："五刑之属三千，而罪莫大于不孝。要君者无上，非圣人者无法，非孝者无亲。此大乱之道也。"

广要道章第十二

子曰："教民亲爱，莫善于孝。教民礼顺，莫善于悌。移风易俗，莫善于乐。安上治民，莫善于礼。礼者，敬而已矣。故敬其父，则子悦；敬其兄，则弟悦；敬其君，则臣悦；敬一人，而千万人悦。所敬者寡，而悦者众。此之谓要道矣。"

广至德章第十三

子曰："君子之教以孝也，非家至而日见之也。教以孝，所以敬天下之为人父者也。教以悌，所以敬天下之为人兄者也。教以臣，所以敬天下之为人君者也。《诗》云：'恺悌君子，民之父母。'非至德，其孰能顺民如此其大者乎！"

广扬名章第十四

子曰："君子之事亲孝，故忠可移于君；事兄悌，故顺可移于长；居家理，故治可移于官。是以行成于内，而名立于后世矣。"

谏诤章第十五

曾子曰："若夫慈爱、恭敬、安亲、扬名，则闻命矣。敢问子从父之令，可谓孝乎？"

子曰："是何言与！是何言与！昔者，天子有争臣七人，虽无道，不失其天下；诸侯有争臣五人，虽无道，不失其国；大夫有争臣三人，虽无道，不失其家；士有争友，则身不离于令名；父有争子，则身不陷于不义。故当不义，则子不可以不争于父；臣不可以不争于君。故当不义则争之。从父之令，又焉得为孝乎！"

感应章第十六

子曰："昔者，明王事父孝，故事天明；事母孝，故事地察；长幼顺，故上下治。天地明察，神明彰矣。故虽天子，必有尊也，言有父也；必有先也，言有兄也。宗庙致敬，不忘亲也。修身慎行，恐辱先也。宗庙致敬，鬼神著矣。孝悌之至，通于神明，光于四海，无所不通。《诗》云：'自西自东，自南自北，无思不服。'"

事君章第十七

子曰："君子之事上也，进思尽忠，退思补过，将顺其美，匡救其恶。故上下能相亲也。《诗》云：'心乎爱矣，遐不谓矣。中心藏之，何日忘之？'"

丧亲章第十八

子曰："孝子之丧亲也,哭不偯,礼无容,言不文,服美不安,闻乐不乐,食旨不甘,此哀戚之情也。三日而食,教民无以死伤生。毁不灭性,此圣人之政也。丧不过三年,示民有终也。为之棺、椁、衣、衾而举之;陈其簠、簋而哀戚之;擗踊哭泣,哀以送之;卜其宅兆,而安措之;为之宗庙,以鬼享之;春秋祭祀,以时思之。生事爱敬,死事哀戚,生民之本尽矣,死生之义备矣,孝子之事亲终矣。"

附录3 劝报亲恩篇

（一）

天地重孝孝当先，

一个孝字全家安。

为人须当孝父母，

孝顺父母如敬天。

孝子能把父母孝，

下辈孝儿照样传。

自古忠臣多孝子，

君选贤臣举孝廉。

要问如何把亲孝，

孝亲不止在吃穿。

孝亲不教亲生气，

爱亲敬亲孝乃全。

可惜人多不知孝，

怎知孝能感动天。

福禄皆因孝字得，

天将孝子另眼观。

孝子贫穷终能好，

不孝虽富难平安。

诸事不顺因不孝，

回心复孝天理还。

孝贵心诚无他妙，

孝字不分女共男。

男儿尽孝须和悦，

妇女尽孝多耐烦。

爹娘面前能尽孝，

尽孝才是好儿男。

翁婆身上能尽孝，

又落孝来又落贤。

和睦兄弟就是孝，

这孝叫作顺气丸。

和睦妯娌就是孝，

这孝家中大小欢。

男有百行首重孝，

孝字本是百行原。

女得淑名先学孝，

三从四德孝为先。

孝字传家孝是宝，

孝字门高孝路宽。

能孝何在贫和富，

量力尽心孝不难。

富孝鼎烹能致养，

贫孝菽水可承欢。

富孝孝中有乐趣，

贫孝孝中有吉缘。

富孝瑞气满潭府，

贫孝祥光透清天。

孝从难处见真孝，

孝心不容一时宽。

赶紧孝来孝孝孝，

亲山我孝寿山天。

亲在当孝不知孝，

亲殁知孝孝难全。

生前尽孝亲心悦，

死后尽孝子心酸。

孝经孝文把孝劝，

孝父孝母孝祖先。

为人能把祖先孝，

这孝能使子孙贤。

贤孝子孙钱难买，

着孝买来不用钱。

孝字正心心能正，

孝字修身身能端。

孝字齐家家能好，

孝字治国国能安。

天下儿孙尽学孝，

一孝就是太平年。

戒淫戒赌都是孝，

孝子成材亲心欢。

戒杀放生都是孝，

能积亲寿孝通天。

惜谷惜字都是孝，

能积亲福孝非凡。

真为心善是真孝，

万善都在孝里边。

孝子行孝有神护，

为人不孝祸无边。

孝子在世声价重，

孝子去世万古传。

此篇句句不离孝，

离孝人伦难周全。

念得十遍千个孝，

消灾免难百孝篇。

（二）

人生五伦孝当先，
自古孝为百行原。
世上唯有孝字大，
孝顺父母为一端。
欲知孝道有何尽，
听我仔细对你言。
好饭先尽爹娘用，
好衣先尽父母穿。
穷苦莫教爹娘受，
忧愁莫教父母担。
出入扶持须谨慎，
朝夕伺候莫厌烦。
爹娘都调勿违阻，
吩咐言语记心间。
呼唤应声不敢慢，
诚心敬意面带欢。
大小事情须禀命，
禀命再行莫自专。
时时体贴爹娘意，
莫教爹娘心挂牵。
宝局钱场我休往，
花街柳巷莫游玩。

保身惜命防灾病，
酒色财气不可贪。
为非作歹损阴德，
惹骂爹娘心怎安。
是耕是读是买卖，
安分守己就是贤。
每日清晨来相问，
冷热好歹问一番。
到晚莫往旁处去，
奉待爹娘好安眠。
夏天爹娘要凉快，
冬天宜暖不宜寒。
爹娘一日三顿饭，
三顿茶饭留心观。
恐怕饮食失调养，
有了灾病后悔难。
老人食物宜软烂，
冷硬切莫往上端。
富家酒肉常不断，
贫家量力进肥甘。
但愿自己受委屈，
莫教爹娘有艰难。
莫重财帛轻父母，
莫受挑唆听妻言。

为人诚心把孝尽，
才算世间好儿男。
万一爹娘有了过，
恐怕别人笑嗤咱。
委曲婉转来相劝，
比东说西莫直言。
爹娘若是顾闺女，
莫与姊妹结仇冤。
爹娘若是偏兄弟，
想是咱身有不贤。
双全父母容易孝，
孤寡父母孝难全。
白日冷清常沉闷，
黑夜凄凉形影单。
亲儿亲娘容易孝，
唯有继母孝更难。
继母若是性子暴，
柔声下气多耐烦。
对人总说爹娘好，
受屈头上有青天。
有时爹娘身得病，
谨慎调养莫等闲。
煎汤熬药须亲手，
不可一日离床前。

病重神前去祷告，
许愿唯有善书篇。
尽心竭力来侍奉，
日莫辞劳夜莫眠。
休说自己劳苦大，
爹娘劳苦更在先。
人子一日长一日，
爹娘一年老一年。
劝人及时把孝尽，
兄弟虽多不可扳。
若待父母去世后，
想着尽孝难上难。
总有猪羊灵前供，
爹娘何曾到嘴边。
不如活着吃一口，
粗茶淡饭也香甜。
即遭不幸出丧事，
不可鼓乐闹喧天。
不尚虚文只哀恸，
要紧预备好衣棺。
丧葬之后孝再行，
按节祭扫把坟添。
兄弟姐妹要亲爱，
亲爱兄妹九泉安。

生前死后孝尽到，
为人一生大事完。
试看古来行孝者，
荣华富贵福绵绵。
你看忤逆不孝顺，
送到大堂板子扇。
此篇劝孝逢知己，
趁早行孝莫迟延。

（三）

从来亲恩报当先，
说起亲恩大如天。
要知父母恩情大，
听我从头说一番。
十月怀胎担惊怕，
临产就是生死关。
一生九死脱过去，
三年乳哺受熬煎。
生来不能吃东西，
食娘血脉充饭餐。
白天揣着把活做，
到晚怀里揽着眠。
左边尿湿放右边，
右边尿湿放左边。

左右二边全湿尽，
将儿放在胸膛间。
偎干就湿身受苦，
抓屎抓尿也不嫌。
孩子醒了她不睡，
敞着被窝任意玩。
总然自己有点病，
怕冷也难避风寒。
孩子睡着怕他醒，
不敢翻身常露肩。
夏天结记蚊子咬，
白天又怕蝇子餐。
又怕有人来惊动，
惊得强醒不耐烦。
孩子欢喜娘也喜，
孩子啼哭娘不安。
这么拍来那么哄，
亲亲吻吻有耐烦。
手里攀着怀中抱，
掌上明珠是一般。
娘给梳头娘洗脸，
穿表曲顺小肘弯。
小裤小袄忙里做，
冬日棉来夏日单。

不会吃饭慢慢喂，
唯恐儿女受饥寒。
结记冷来结记热，
孩儿不觉只贪玩。
长大成人往回想，
恩情难报这三年。
富家养儿还容易，
贫家养儿更是难。
无有烧烟无有米，
儿女啼饥娘心酸。
万般出于无其奈，
娘就忍饥也心甘。
冬天做件破棉袄，
自己冻着尽儿穿。
娘为孩儿受冻饿，
孩子小时不知难。
长大成人往回想，
无有爹娘谁可怜？
有时发热出痘疹，
吓得爹娘心胆寒。
寻找医生求人看，
煎汤熬药祷告天。
恨不能够替儿病，
吃饭不饱睡不眠。

多咎孩子好伶俐，
这才昼夜能安然。
三岁两岁才学走，
恐有跌磕落伤残。
五岁六岁离怀跑，
任意在外跑着玩。
一时不见儿的面，
眼跳心慌坐不安。
东家寻来西家找，
怕是有人欺负咱。
结计狗咬并车轧，
只怕寻河到井边。
父母爱儿无有了，
想想爹娘那一番。
小篇不过说不意，
千言万语说不全。
十岁八岁快成人，
送到南学读书文。
笔墨纸张不惜费，
束脩摊派不辞贫。
三顿饱饭供给你，
衣裳穿个干净新。
家中有活不教做，
给奖为儿自辛勤。

结计学生合格气，
又怕先生怒气嗔。
结计孩子身受苦，
又怕到大不如人。
儿在南学把书念，
那知爹娘常挂心。
十四五六成大人，
便要与儿提婚姻。
托个媒人当月老，
访求淑女配成婚。
纳采行聘都情愿，
钗环首饰费金银。
择个吉日将过事，
逐日忙忙操碎心。
油门油窗顶棚绑，
洞房裱糊一色新。
时样缨帽买一顶，
可体袍褂做一身。
鼓乐喧天门前闹，
摆席候客忙煞人。
说的本是富家主，
再说贫家父母心。
少吃缺穿难度日，
一心给儿把妻寻。

借钱使礼也愿娶，
千方百计娶进门。
娶个好的是福气，
若是不贤是祸根。
枕边挑唆几句话，
当下儿子变了心。
媳妇好比珠宝玉，
父母如同陌路人。
待上二年生下子，
更忘爹娘把儿亲。
何人与你把妻娶？
何人与你过的门？
花费银钱是哪个？
操心劳力是何人？
拍拍胸膛仔细想，
孰轻孰重孰为尊？
养儿就是防备老，
儿大不知报娘恩。
没有爹娘生下你，
世上怎有你这身？
没有爹娘养你大，
怎在世间成为人？
为儿若把爹娘忘，
好比花木烂了根。

如果不把亲恩报，
扬头竖脑为何人？
不孝之人世上有，
天打雷劈也是真。
为儿若有别的意，
指望劝人动动心。
如若你把亲恩报，
自己定出好儿孙。

（四）
奉劝世人你是听，
五伦之内有弟兄。
为人在世兄爱弟，
在世为人弟敬兄。
三人哭活紫荆树，
于今成神在天宫。
桃园结义是异姓，
何况同父同母生？
同母固然是兄弟，
两母兄弟一般同。
莫因嫡庶分彼此，
弄得兄弟反制争。
莫因前事生疑忌，
闹得兄弟伤真情。

莫因妯娌不和气，
兄弟参商各西东。
莫因奴仆传闲话，
兄弟界墙把气生。
倘若哥哥性子暴，
不过忍些肚里疼。
为弟若是不说理，
宽宏大量把他容。
牛宏待着他弟好，
身居相位显大功。
彦霄待着他哥好，
父子同榜把官封。
兄好弟好有好报，
许多古人能说清。
沈仁沈义兄弟俩，
二人俱是翰林公。
因为家产犯争执，
不念兄弟手足情。
一齐上控到抚宪，
抚宪广劝不动刑。
五伦五常对他讲，
飞禽走兽比给听。
比东说西劝一遍，
兄弟二人放悲声。

大堂以上哭一抱，
越思越想越伤情。
翰林院里为学士，
反把手足情看轻。
兄弟回家成义气，
后来俱齐把官升。
兄弟和好能得好，
老天最重这一宗。
兄弟和睦爹娘悦，
就是外人也尊敬。
兄弟和睦是榜样，
眼看儿孙又弟兄。
兄宽弟忍听我劝，
和气致祥福禄增。

（五）

父母恩情深似海，
人生莫忘父母恩。
生儿育女循环理，
世代相传自古今。
为人子女要孝顺，
不孝之人罪逆天。
家贫才能出孝子，
鸟兽尚知哺育恩。
父子原是骨肉亲，
爹娘不敬敬何人？
养育之恩不图报，
望子成龙白费心。

参考文献

[1] 邹斌. 增广贤文 [M]. 北京：线装书局，2010.

[2] 张齐明. 增广贤文 [M]. 北京：中华书局，2013.

[3] 陈才俊. 增广贤文全集 [M]. 北京：线装书局，2011.